Wolodymyr Selenskyj
Für die Ukraine – für die Freiheit

Alle Gewinne aus dem Verkauf des Buches werden an die Unterstützungsorganisation für das ukrainische Volk gespendet, die von der ukrainischen Botschaft in Frankreich verwaltet wird. Wer spenden möchte, kann sich gerne an folgende Adresse wenden:

https://fr.aideukraine.fr/manifesto/vyQSco5vPtDokrilrxwZC/dons-financiers

Wolodymyr Oleksandrowytsch Selenskyj, geboren am 25. Januar 1978 in Krywyj Rih, ist seit dem 20. Mai 2019 Präsident der Ukraine. Nach seinem Jurastudium erlangte er in der Ukraine und in Russland Popularität u. a. als Schauspieler, Komiker, Regisseur, Fernsehmoderator, Filmproduzent und Drehbuchautor.

Wolodymyr Selenskyj

FÜR DIE
UKRAINE
FÜR DIE
FREIHEIT

Reden in Zeiten des Krieges

Kommentiert von Raphaël Zyss

Aus dem Französischen und Englischen
von Claudia Marquardt, Nikolaus de Palézieux,
Klaus Dieter Schmidt und Karlheinz Siber

Ullstein

Inhalt

Editorische Vorbemerkung

Dieses Buch versammelt einige der bedeutendsten Reden, die Präsident Wolodymyr Selenskyj in den ersten Wochen nach dem Einmarsch der russischen Armee in die Ukraine gehalten hat; vorausgegangen waren zwei wichtige Ansprachen aus der Zeit vor dem Angriff, unter anderem auf der Münchner Sicherheitskonferenz. Inzwischen hat Selenskyj nicht nur vor ausländischen Gremien gesprochen, sondern sich auch häufig über die sozialen Netzwerke an die ukrainische Bevölkerung gewandt. Seit er an der Spitze des Widerstands seines Landes steht, fordert er die Ukrainerinnen und Ukrainer zu Mut und Tapferkeit auf und berichtet ungeschminkt über Tragödien und Erfolge dieses ungerechten Krieges. Wiederholt beklagt er die mangelnde Fähigkeit der internationalen demokratischen Gemeinschaft, mit ausreichender Entschlossenheit zu handeln. Die Resonanz auf seine Reden war so groß, dass sie oftmals fast unmittelbare Auswirkungen hatten, wie etwa den Rückzug westlicher Unternehmen aus Russland und die Verschärfung der Sanktionen.

In seinen Reden vor den internationalen Parlamenten geht Präsident Selenskyj immer wieder auf besondere Umstände der Geschichte des jeweiligen Landes ein: Verdun in Frankreich, die Atomunfälle in Japan, Pearl Harbor in den Vereinigten Staaten, Deutschlands Verbrechen in der Ukraine während des Zweiten Weltkriegs. Auf diese

Weise berührt er sein Publikum nicht nur, er lässt es auch den universellen Charakter der ukrainischen Situation spüren: Nicht nur haben die angesprochenen Nationen oft Gräuel derselben Dimension erlitten, sie könnten sie auch wieder erleben, wenn der russischen Invasion nicht Einhalt geboten wird. So gesehen verteidigen wir uns selbst, indem wir die Ukraine unterstützen.

Am 24. Februar 2022 begann die russische Invasion nach Jahren mehr oder weniger offener Kämpfe an der Ostgrenze der Ukraine und anhaltender politischer Spannungen seit den Unruhen in den beiden selbst ernannten Donbass-Republiken sowie der 2014 erfolgten militärischen Eroberung der Krim durch die Russische Föderation. 1991, mit dem Zerfall der UdSSR, erlangte die Ukraine zum ersten Mal echte Unabhängigkeit, volle Souveränität und zivilen Frieden und entwickelte ein sowohl nationales als auch demokratisches Bewusstsein. Diese Errungenschaften sind nun in Gefahr.

1

Über die Einheit
der ukrainischen Gesellschaft

An die Ukrainer,
zehn Tage vor der Invasion, 14. Februar 2022

Zehn Tage vor dem russischen Angriff auf die Ukraine rech-
net Präsident Selenskyj damit, dass ein Krieg unmittelbar
bevorsteht. Schätzungen US-amerikanischer Geheimdienste
zufolge sind seit Anfang Februar 2022 über hunderttausend
russische Soldaten an der Grenze zur Ukraine zusammen-
gezogen worden. Dies ist das Resultat eines im Jahr 2014
ausgebrochenen Konflikts zwischen Russland und der Uk-
raine. Nach den Protesten des Euromaidan gegen den dama-
ligen ukrainischen Präsidenten Wiktor Janukowytsch, der
sich im November weigerte, ein Assoziierungsabkommen mit
der Europäischen Union zu schließen,* war Russland auf der
Krim einmarschiert und hatte die Halbinsel anschließend
infolge eines »Referendums« zu russischem Gebiet erklärt.
Daraufhin proklamierten separatistische Bewegungen im

---

* Die immer massiveren Proteste in der Ukraine fanden zwischen November 2013 und Februar 2014 statt; nach der
Flucht von Präsident Janukowytsch erklärte ihn das Parlament
am 22. Februar 2014 für abgesetzt.

Donbass mit Unterstützung Russlands, das dort irreguläre russische Truppen stationierte, die Unabhängigkeit ihrer Gebiete. So begann der Krieg im Donbass, in welchem ukrainisches Militär seither gegen separatistische prorussische und russische Kräfte kämpfte. Die erhöhten Spannungen seit Ende 2021 verschärften die Gefahr eines offenen Krieges zwischen beiden Ländern.

Großes Volk eines großen Landes!

Ich wende mich an Sie in einer Zeit großer Spannungen. Unser Staat ist mit ernsten äußeren und inneren Bedrohungen konfrontiert, die von mir und jedem von uns Verantwortung, Zuversicht und konkretes Handeln erfordern. Man will uns wieder einmal mit einer Kriegsdrohung und der Möglichkeit einer Militärinvasion einschüchtern. Es ist nicht das erste Mal.

Der Krieg gegen uns wird systematisch an allen Fronten geführt. An der militärischen Front hat man das Kontingent an den Grenzen verstärkt. An der diplomatischen Front versucht man, uns das Recht zu nehmen, den Kurs unserer Außenpolitik zu bestimmen. An der Energiefront rationiert man die Versorgung mit Gas, Strom und Kohle. An der Informationsfront versucht man, durch die Medien unsere Bürger und Investoren in Panik zu versetzen. Aber unser Staat ist heute stärker als je zuvor.

Dies ist nicht die erste Bedrohung, mit der das tapfere ukrainische Volk konfrontiert wird. Vor zwei Jahren wurden wir, wie die übrige Welt, durch die Pandemie erschüttert. Doch wir haben zusammengehalten und sie dank klarer systematischer Schritte praktisch besiegt. In dieser schwierigen Zeit hat das tapfere ukrainische Volk seine besten Eigenschaften bewiesen: Einigkeit und Siegeswillen.

Anders als bei der Epidemie vor zwei Jahren, wissen wir heute, welcher Bedrohung wir gegenüberstehen und was wir gegen sie tun müssen. Wir sind zuversichtlich, aber nicht selbstsicher. Wir kennen die Risiken. Wir verfolgen die Situation genau, erarbeiten verschiedene Szenarien, bereiten angemessene Reaktionen auf alle möglichen Aggressionshandlungen vor. Wir wissen genau, wo an unseren Grenzen sich die feindliche Armee befindet, wir kennen ihre Truppenstärke, ihre Standorte, ihre Ausrüstung und ihre Pläne. Und wir verfügen über die Mittel, um darauf zu antworten. Wir haben eine große Armee, unsere Männer besitzen einzigartige Kampferfahrungen und moderne Waffen. Unser Militär ist wesentlich stärker als vor acht Jahren.

Neben der Armee bildet die ukrainische Diplomatie die Speerspitze der Verteidigung unserer Interessen. Wir haben die diplomatische Unterstützung fast aller führenden Politiker der zivilisierten Welt gewonnen. Die meisten von ihnen haben uns bereits besucht und ihre Unterstützung für die Ukraine zum Ausdruck gebracht, oder sie werden es in naher Zukunft tun. Heute erkennt jeder, dass die Sicherheit Europas und des gesamten Kontinents von der Ukraine und ihrer Armee abhängt.

Wir wollen Frieden – und wir wollen alle Probleme ausschließlich durch Verhandlungen lösen. Sowohl der Donbass als auch die Krim werden zur Ukraine zurückkehren, und zwar auf rein diplomatischem Weg. Wir greifen nicht nach Dingen, die uns nicht gehören, aber wir werden unser Land nicht aufgeben.

Wir haben Vertrauen in unsere Streitkräfte, aber unsere Soldaten müssen unsere Unterstützung, unseren Zusammenhalt und unsere Einigkeit spüren. Die Grundlagen unserer Armee sind das Vertrauen, das unser Volk ihr entgegenbringt, und die Stärke unserer Wirtschaft. Wir haben ausreichende Reserven, um Angriffe auf den Wechselkurs der Griwna* und unser Finanzsystem abzuwehren. Wir werden keinen Wirtschaftszweig ignorieren, der staatliche Hilfe benötigt, wie es in der vergangenen Woche bei den Fluggesellschaften der Fall war. Beweise dafür sind der stabile Wechselkurs der Griwna und der offene Luftraum.

Eine wichtige Verteidigungsfront ist die objektive Berichterstattung über die Lage durch die einheimischen Medien. Ich möchte mich an die ukrainischen Journalisten wenden: Einige von Ihnen werden die Aufgaben der Medienbesitzer übernehmen müssen, da die meisten von denen bereits aus dem Land geflohen sind. Arbeiten Sie für die Ukraine und nicht für diejenigen, die geflohen sind. Das Schicksal unseres Landes hängt von der Ehrlichkeit Ihrer Entscheidungen ab.

Und nun wende ich mich nicht an diejenigen, die in der Ukraine und an ihrer Seite geblieben sind, sondern an diejenigen, die im entscheidenden Moment gegangen sind. Ihre Stärke liegt nicht in Ihrem Geld und Ihren Flugzeugen, sondern in der staatsbürgerlichen Haltung, die Sie einnehmen können. Kehren Sie zu Ihrem Volk und dem Land zurück, dem Sie Ihren Besitz, Ihre Fabriken und Ihr Vermögen verdanken! Heutzutage legt jeder eine

* Die Griwna (oder Hrywnja) ist die ukrainische Währung.

Prüfung im Fach Staatsbürgerschaft ab – bestehen Sie sie mit Würde. Machen Sie der Welt klar, für wen die Ukraine eine Heimat ist und für wen nur ein Mittel zur Bereicherung.

Ich wende mich auch direkt an alle Vertreter des Staates, an Beamte und Volksvertreter aller Ebenen, die aus dem Land geflohen sind oder beabsichtigen, es zu tun. Das Volk der Ukraine hat Sie nicht nur damit betraut, den Staat zu regieren, sondern auch damit, ihn zu schützen. In der jetzigen Situation ist es Ihre oberste Pflicht, zu uns, dem ukrainischen Volk, zu halten. Ich bitte Sie, kehren Sie innerhalb der nächsten 24 Stunden in Ihr Heimatland zurück und stehen Sie der ukrainischen Armee, den Diplomaten und dem Volk zur Seite!

Wir haben gehört, dass der 16. Februar der Tag des Angriffs sein werde. Wir werden ihn zum Tag der Einheit machen. Die entsprechenden Dekrete sind bereits unterzeichnet. An diesem Tag werden wir die Nationalflagge hissen, blaue und gelbe Bänder tragen und der Welt unsere Einigkeit zeigen.

Wir tragen eine große europäische Sehnsucht in uns. Wir wollen Freiheit, und wir sind bereit, für sie zu kämpfen. Die 14 000 Verteidiger und Zivilisten, die in diesem Krieg bereits gestorben sind, beobachten uns vom Himmel aus, und wir werden ihr Andenken nicht beschmutzen. Wir alle wollen glücklich leben, und das Glück liebt die Starken. Wir haben nie gelernt aufzugeben, und wir werden es auch nie lernen.

Heute ist nicht nur Valentinstag. Es ist der Tag derjenigen, die die Ukraine lieben. Wir glauben an unsere Stärke und bauen weiter an unserer gemeinsamen Zukunft. Weil wir vereint sind durch unsere Liebe zur Ukraine – vereint und einzigartig. Die Liebe wird siegen. Ja, Sie mögen in diesem Moment denken, wir sind von Dunkelheit umgeben. Aber morgen wird die Sonne wieder aufgehen an unserem friedlichen Himmel.

Lieben wir die Ukraine!

Wir sind ruhig! Wir sind stark! Wir sind vereint!

Das große Volk eines großen Landes!

2

Wir wissen, wer lügt

Auf der 58. Münchner Sicherheitskonferenz,
fünf Tage vor der Invasion, 19. Februar 2022

Am Tag vor der Münchner Rede werden die Zweifel an einem
bevorstehenden russischen Einmarsch lauter. Die separatisti-
schen und prorussischen selbst ernannten »Volksrepubliken«
Donezk und Luhansk ordnen die Evakuierung der Zivilbe-
völkerung an; die Zahl der bis zu diesem Tag an der Grenze
aufmarschierten russischen Soldaten wird auf 150 000 ge-
schätzt. Einige, zum Beispiel die deutsche Außenministerin,
bezweifeln allerdings immer noch, dass eine Invasion das
wahrscheinlichste Szenario ist. Während Präsident Selenskyj
in seiner Rede die NATO auffordert, sein Land als Mitglied
aufzunehmen, sagt Russland seine Teilnahme an der Münch-
ner Sicherheitskonferenz ab.

Die Ukraine will Frieden. Europa will Frieden. Die Welt
sagt, dass sie keinen Krieg führen will, und Russland sagt,
dass es keinen Angriff unternehmen wird. Jemand lügt.
Das ist kein Axiom, aber es ist auch keine Hypothese
mehr.

Meine Damen und Herren, vor zwei Tagen war ich an
der Kontaktlinie im Donbass. Rechtlich betrachtet, ist

dies die Trennlinie zwischen der Ukraine und den vorübergehend besetzten Gebieten. In Wirklichkeit ist es die Linie zwischen Frieden und Krieg – wo sich auf der einen Seite ein Kindergarten befindet und auf der anderen ein Geschoss, das ihn treffen wird; wo sich auf der einen Seite eine Schule befindet und auf der anderen ein Geschoss, das in ihrem Pausenhof einschlagen wird. Und direkt daneben gehen dreißig Kinder …, nein, nicht in die NATO, sondern in die Schule. Einige haben Physikunterricht, und selbst Kinder wissen, wenn sie die grundlegenden Gesetze der Physik kennen, wie absurd die Behauptung ist, der Beschuss würde von der Ukraine ausgeführt.

Andere haben Mathematikunterricht, und selbst Kinder können ohne Taschenrechner ausrechnen, wie groß der Unterschied ist zwischen der Anzahl der Geschossangriffe der letzten drei Tage und der Anzahl der Fälle, in denen die Ukraine im Bericht der Münchner Sicherheitskonferenz erwähnt wurde.

Wieder andere haben Geschichtsunterricht, und wenn auf dem Schulhof ein Bombenkrater aufgerissen wurde, stellen sich sogar Kinder die Frage: Begeht die Welt wieder die gleichen Fehler wie im 20. Jahrhundert?

Wozu führen Beschwichtigungsversuche? Dazu, dass die Frage »Warum für Danzig sterben?« sich in die Notwendigkeit verwandelte, für Dünkirchen und Dutzende andere Städte in Europa zu sterben – auf Kosten vieler Millionen Menschenleben.

Das ist die schreckliche Lehre aus der Geschichte. Ich möchte nur sichergehen, dass Sie dieselben Bücher gelesen haben wie ich und auf die Hauptfrage dieselbe Antwort geben wie ich: Wie konnte es geschehen, dass Europa im 21. Jahrhundert wieder in einen Krieg verwickelt ist und dass wieder Menschen sterben? Warum dauert er länger als der Zweite Weltkrieg?*

Wie sind wir in die schwerste Sicherheitskrise seit dem Kalten Krieg geraten? Für mich als Präsident eines Landes, das einen Teil seines Territoriums und Tausende von Einwohnern verloren hat und an dessen Grenzen jetzt 150 000 russische Soldaten mit voller Ausrüstung und schweren Waffen stehen, ist die Antwort klar.

Die globale Sicherheitsarchitektur ist prekär und muss immer wieder erneuert werden. Die vor Jahrzehnten vereinbarten Regeln funktionieren nicht mehr. Sie passen nicht zu den neuen Bedrohungen, die sich mit ihnen nicht beseitigen lassen. Es ist, als hätte man Hustensaft, bräuchte aber einen Impfstoff gegen das Coronavirus. Das Sicherheitssystem ist langsam; es versagt erneut, und zwar aus mehreren Gründen: aus Egoismus, wegen zu großem Selbstvertrauen und aufgrund der Verantwortungslosigkeit der Staaten auf globaler Ebene. Das Ergebnis: Die einen begehen Verbrechen, und die anderen schauen gleichgültig zu.

Diese Gleichgültigkeit macht einen zum Komplizen. Es hat Symbolkraft, dass ich ausgerechnet hier darüber spreche. Vor 15 Jahren hat Russland hier seine Absicht verkündet, die Sicherheit der Welt herauszufordern. Wie hat die Welt darauf reagiert? Mit Beschwichtigung. Das Ergebnis? Zumindest die Annexion der Krim und die Aggression gegen meinen Staat.

Die UNO, die eigentlich für Frieden und Sicherheit

---

* Der Krieg im Donbass begann 2014.

auf der Welt sorgen soll, hat nicht einmal die Mittel, um sich selbst zu verteidigen, wenn ihre Charta verletzt wird. Selbst dann nicht, wenn eines der Mitglieder des UN-Sicherheitsrats Gebiete eines ihrer Gründungsmitglieder annektiert. Die UNO ignoriert sogar die Krim-Plattform,* deren Ziel die friedliche Befreiung der Krim von russischer Besatzung und der Schutz der Rechte ihrer Bewohner ist.

Vor drei Jahren hat Angela Merkel an diesem Ort gesagt: Wer wird die Scherben der zerbrochenen Weltordnung aufheben? Nur wir alle zusammen.**

Die Öffentlichkeit antwortete mit Standing Ovations. Leider hat der kollektive Applaus kein kollektives Handeln bewirkt. Und wenn die Welt jetzt von der Gefahr eines großen Krieges spricht, muss sie sich fragen: »Gibt es noch etwas, das wir aufheben können?« Die europäische und globale Sicherheitsarchitektur ist fast vollständig zerstört.

Es ist zu spät, um über eine Reparatur nachzudenken. Es ist an der Zeit, ein neues System zu errichten. Die

---

* Die Krim-Plattform ist eine am 23. August 2021 von Wolodymyr Selenskyj ins Leben gerufene internationale Initiative mit dem Ziel der Rückgabe der Krim an die Ukraine und der Wiederherstellung der diplomatischen Beziehungen zwischen der Ukraine und der Russischen Föderation. Sie zeigt neue diplomatische Wege auf, um trotz des Versagens der internationalen Institutionen zu Ergebnissen zu gelangen.

**Am Ende ihrer Rede hatte die damalige deutsche Bundeskanzlerin wörtlich gesagt: »Ich finde, genau das ist die Antwort auf das Motto dieser Tagung ›The great puzzle: Who will pick up the pieces?‹: Nur wir alle zusammen.«

Menschheit hat dies bereits zweimal getan, nachdem sie in zwei Weltkriegen den höchsten Preis bezahlt hatte. Wir haben die Chance, diese Fehlentwicklung zu stoppen, bevor sie unumkehrbar wird, und mit dem Aufbau eines neuen Systems zu beginnen, bevor Tausende von Opfern zu beklagen sind. Wir haben die Lehren aus dem Ersten und dem Zweiten Weltkrieg gezogen und werden es hoffentlich vermeiden, die Erfahrung eines nun möglichen Dritten Weltkriegs zu machen, vor dem Gott uns bewahren möge.

Ich habe hier und auf der Tribüne der Vereinten Nationen darüber gesprochen, dass es im 21. Jahrhundert keine rein äußeren Kriege mehr gibt und die Annexion der Krim und der Krieg im Donbass Auswirkungen auf die ganze Welt haben. Das ist nicht nur ein Krieg in der Ukraine, sondern auch ein Krieg in Europa. Ich habe dies auf Gipfeltreffen und Foren gesagt. Im Jahr 2019, im Jahr 2020, im Jahr 2021. Wird die Welt mich im Jahr 2022 hören?

Dies ist keine Hypothese mehr, aber es ist auch noch kein Axiom. Warum? Man braucht Beweise. Mehr als Worte auf Twitter oder Erklärungen in den Medien sind Taten nötig. Nicht nur wir, nein, die ganze Welt braucht sie. Wir werden unser Land mit oder ohne Unterstützung unserer Partner verteidigen, egal, ob sie uns Hunderte moderner Waffen oder 5000 Stahlhelme geben. Wir sind für jede Hilfe dankbar, aber die Welt muss begreifen, dass dies keine Wohltätigkeitsspenden sind, um welche die Ukraine bitten oder sich bemühen müsste. Es sind keine noblen Gesten, für die sich die Ukraine dankbar verbeugen müsste. Es ist vielmehr Ihr Beitrag zur Sicherheit Europas und der Welt. Acht Jahre lang war die Ukraine ein verlässlicher Schutzschild. Seit acht Jahren wehrt sie die Angriffe einer der größten Armeen der Welt ab, die an unseren Grenzen steht, nicht an den Grenzen der EU. Grad*-Raketen haben Mariupol getroffen, nicht europäische Städte. Nach fast sechsmonatigem Kampf wurde der Flughafen von Donezk zerstört, nicht der von Frankfurt. Es geht immer heiß her im Industriegebiet von Awdijiwka,** auch in den letzten Tagen – und nicht in Montmartre. Kein anderes europäisches Land weiß, was es bedeutet, wenn jeden Tag und in allen Regionen Militärbeerdigungen stattfinden. Kein anderer europäischer Führer weiß, was es bedeutet, ständig mit Familien Verstorbener zusammenzutreffen.

Wie dem auch sei, wir werden unser schönes Land verteidigen, egal, ob 50 000, 150 000 oder eine Million Soldaten welcher Armee auch immer an unseren Grenzen stehen. Um der Ukraine wirklich zu helfen, ist es nicht nötig festzustellen, wie viele Soldaten sich mit welcher Ausrüstung an unseren Grenzen befinden. Stellt eher fest, was *wir* haben. Um der Ukraine wirklich zu helfen, ist es nicht nötig, ständig über das Datum einer wahrscheinlichen Invasion zu reden. Wir werden unser Land verteidigen, ob nun am 16. Februar, am 1. März oder am 31. Dezember. Wir brauchen andere Daten, und es ist allgemein bekannt, welche.

---

* Sowjetische und russische Mehrfachraketenwerfersysteme.

**Awdijiwka ist eine Industriestadt in der Oblast Donezk.

Morgen ist in der Ukraine der Tag der Helden der Himmlischen Hundertschaft.*

Vor acht Jahren hat die Ukraine ihre Wahl getroffen, und viele Menschen haben ihr Leben für diese Wahl gegeben. Und acht Jahre später soll die Ukraine nun ständig die Anerkennung der europäischen Perspektive einfordern? Seit 2014 ist Russland davon überzeugt, dass wir den falschen Weg gewählt haben, dass niemand in Europa auf uns wartet. Sollte nicht Europa ständig sagen und auch durch sein Handeln beweisen, dass dies nicht stimmt? Sollte nicht die EU laut und deutlich erklären, dass ihre Bürger den Beitritt der Ukraine zur Union unterstützen? Warum weichen wir diesen Fragen aus? Hat die Ukraine nicht ehrliche und direkte Antworten verdient?

Das gilt auch für die NATO. Man sagt uns: Die Tür ist offen. Aber bis jetzt ist sie es nur für Berechtigte. Wenn nicht alle Mitglieder des Bündnisses uns wollen oder wenn alle Mitglieder uns nicht wollen, dann seien Sie bitte ehrlich. Türen zu öffnen ist schön und gut, aber wir brauchen offene Antworten, keine Fragen, die jahrelang offenbleiben. Ist das Recht auf Wahrheit nicht eine unserer besten Optionen? Der beste Zeitpunkt dafür ist der nächste Gipfel in Madrid.

Russland behauptet, die Ukraine würde der Allianz beitreten wollen, um die Krim mit Gewalt zurückzuerobern. Es ist beruhigend zu wissen, dass sein Sprachschatz die Worte »Rückgabe der Krim« enthält, aber es hat Arti-

---

* Am diesem Tag wird der 104 Toten der Euromaidan-Proteste gedacht, zu deren Ehren 2014 der Orden der Himmlischen Hundertschaft gestiftet wurde.

kel 5 des Nordatlantikvertrags nicht aufmerksam genug gelesen: Kollektive Maßnahmen dienen der Verteidigung, nicht dem Angriff. Die Krim und der besetzte Donbass werden mit Sicherheit zur Ukraine zurückkehren, aber nur auf friedliche Weise. Die Ukraine setzt die Vereinbarungen der Normandie-Vier* und von Minsk** konsequent um. Sie bilden die Grundlage für die unbestreitbare Anerkennung der territorialen Integrität und Unabhängigkeit unseres Staats. Wir streben eine diplomatische Lösung des bewaffneten Konflikts an. Man beachte: nur auf der Grundlage des Völkerrechts.

Was geschieht nun im Friedensprozess? Vor zwei Jahren haben der französische Präsident, der Präsident der Russischen Föderation, die deutsche Bundeskanzlerin und ich uns auf einen vollständigen Waffenstillstand geeinigt. Und die Ukraine hält sich gewissenhaft an diese Vereinbarung. Wir halten uns trotz ständiger Provokationen so weit wie möglich zurück. Wir unterbreiten den Normandie-Vier und der Trilateralen Kontaktgruppe

---

* Das sogenannte Normandie-Format hat zum Ziel, den Krieg im Donbass durch Gespräche zwischen den Führern der Ukraine und Russlands sowie Vertretern Frankreichs und Deutschlands auf diplomatischem Weg zu beenden, wobei Letztere als Vermittler fungieren.

**Im Minsker Protokoll (»Minsk I«) vereinbarten Vertreter der Ukraine, Russlands und der selbst ernannten »Volksrepubliken« Donezk und Luhansk (ohne deren Anerkennung durch die Ukraine) 2014 in Minsk einen Waffenstillstand im Donbass. Es war ein Fehlschlag. Das 2015 unterzeichnete Minsker Abkommen (»Minsk II«) über die Umsetzung des Waffenstillstands im Donbass war erfolgreicher.

(TKG)* immer neue Vorschläge. Und was sehen wir? Bomben und Geschosse, die von der anderen Seite kommen. Unsere Soldaten und Zivilisten werden getötet oder verletzt, die zivile Infrastruktur wird zerstört. Die letzten Tage sind dafür ein gutes Beispiel. Wir wurden massiv mit Waffen beschossen, deren Einsatz laut Minsker Abkommen verboten ist.

Wichtig ist auch, die Zugangsbeschränkungen für OSZE-Beobachter in die TOT-Zone** aufzuheben. Sie werden bedroht und eingeschüchtert. Alle humanitären Maßnahmen werden blockiert. Vor zwei Jahren habe ich ein Gesetz über den bedingungslosen Zugang von Vertretern humanitärer Organisationen zu Gefangenen unterzeichnet. Aber ihnen wird einfach nicht gestattet, die vorübergehend besetzten Gebiete zu betreten. Nach zwei Gefangenenaustauschen wurde der Prozess blockiert, obwohl die Ukraine die vereinbarten Listen zur Verfügung gestellt hatte. Das berüchtigte Gefängnis »Isolazija« in Donezk mit seiner unmenschlichen Folterpraxis ist zum Symbol der Missachtung von Menschenrechten geworden. Die beiden neuen Kontrollpunkte, die wir im November 2020 in der Region Luhansk eröffnet haben, funktionieren immer noch nicht – infolge offener Behinderung unter an den Haaren herbeigezogenen Vorwänden.

* Die Trilaterale Kontaktgruppe (TKG) besteht aus Vertretern der OSZE, der Ukraine und Russlands, die eine Lösung für den ukrainisch-russischen Konflikt suchen sollen.
**Die TOT (»Temporarily Occupied Territories« – vorübergehend besetzte Gebiete) sind die besetzten Gebiete der ukrainischen Oblaste Donezk und Luhansk.

Die Ukraine tut alles, um in Gesprächen Fortschritte zu erzielen und politische Fragen zu lösen. In der TKG, im Prozess von Minsk haben wir Vorschläge unterbreitet, Gesetze entworfen, aber alles wurde blockiert, und niemand spricht darüber. Die Ukraine fordert, die Blockade des Verhandlungsprozesses sofort zu beenden.

Das bedeutet nicht, dass der Friedensprozess auf diese Verhandlungen beschränkt ist. Wir sind bereit, den Schlüssel zur Beendigung des Krieges in allen Formaten und auf allen Foren zu suchen: in Paris, Berlin, Minsk, Istanbul, Genf, Brüssel, New York, Peking, ganz egal, wo auf der Welt über den Frieden in der Ukraine verhandelt werden soll. Es spielt keine Rolle, ob vier, sieben oder hundert Länder daran teilnehmen, Hauptsache, die Ukraine und Russland sind unter ihnen. Wirklich wichtig ist die Einsicht, dass nicht nur wir den Frieden brauchen, sondern auch die Welt den Frieden in der Ukraine braucht. Den Frieden und die Wiederherstellung der territorialen Integrität innerhalb der international anerkannten Grenzen. Dies ist der einzige Weg. Und ich hoffe, niemand betrachtet die Ukraine als praktische ewige Pufferzone zwischen dem Westen und Russland. Dies wird sie niemals sein. Niemand wird dies akzeptieren.

Wenn doch, wer ist dann der Nächste? Werden die NATO-Länder sich verteidigen müssen? Ich wage zu hoffen, dass Artikel 5 des Nordatlantikvertrags wirksamer sein wird als das Budapester Memorandum.*

---

* Das Budapester Memorandum ist ein 1994 geschlossenes Abkommen zwischen drei ehemaligen Sowjetrepubliken – Ukraine, Weißrussland, Kasachstan – und den USA, Großbritan-

Die Ukraine hat im Gegenzug für die Aufgabe der drittgrößten Atommacht der Welt Sicherheitsgarantien erhalten. Jetzt haben wir weder diese Waffe, noch haben wir Sicherheit. Deshalb haben wir einen Teil unseres Landes verloren, der größer ist als die Schweiz, die Niederlande oder Belgien. Am wichtigsten ist jedoch, dass wir Millionen unserer Bürger nicht mehr haben. All das haben wir verloren.

Dafür haben wir etwas anderes: das Recht, zu fordern, dass man von der Beschwichtigungspolitik ablässt und uns Sicherheits- und Friedensgarantien gibt. Seit 2014 hat die Ukraine dreimal versucht, Gespräche mit den Garantiestaaten des Budapester Memorandums zu führen – dreimal ohne Erfolg. Heute wird die Ukraine es zum vierten Mal tun; für mich als Präsident wird es das erste Mal sein. Aber sowohl für die Ukraine als auch für mich wird es das letzte Mal sein. Ich rufe zu Gesprächen im Rahmen des Budapester Memorandums auf. Der Außenminister hat den Auftrag erhalten, sie zu organisieren. Sollten sie nicht stattfinden oder nicht dazu führen, dass die Sicherheit unseres Landes garantiert wird, hat die Ukraine jedes Recht, anzunehmen, dass das Budapester Memorandum unwirksam ist und das gesamte Paket von Beschlüssen aus dem Jahr 1994, das es beinhaltet, infrage steht.

nien und Russland, das im Gegenzug für ihren Beitritt zum Vertrag über die Nichtverbreitung von Kernwaffen die territoriale Integrität der drei erstgenannten Staaten garantiert. Die in diesen Ländern stationierten sowjetischen Kernwaffen sollten vernichtet oder an Russland übergeben werden. Russland hat dieses Abkommen nicht ratifiziert.

Außerdem schlage ich ein Gipfeltreffen der ständigen Mitglieder des UN-Sicherheitsrats in den kommenden Wochen unter Beteiligung der Ukraine, Deutschlands und der Türkei vor, um über die Sicherheitsgefahren in Europa zu beraten und neue, wirksame Sicherheitsgarantien für die Ukraine zu entwickeln. Wir brauchen jetzt Garantien, solange wir kein Mitglied der Allianz sind und daher in der Grauzone – dem Sicherheitsvakuum – verbleiben.

Was kann man sonst noch tun? Man kann die Ukraine weiterhin unterstützen und ihre Verteidigungskapazitäten stärken. Man kann ihr eine klare europäische Perspektive bieten und die üblichen Hilfsmittel für Beitrittskandidaten zur Verfügung stellen. Man kann ihr einen klaren und umfassenden Zeitplan für den Beitritt zur Allianz geben. Man kann bei der Transformation unseres Landes helfen. Richten Sie einen Stabilitäts- und Wiederaufbaufonds für die Ukraine ein, legen Sie ein Leasingprogramm auf, liefern Sie die neuesten Waffen, Maschinen und Ausrüstungen für unsere Armee – eine Armee, die ganz Europa schützt. Entwickeln Sie ein Paket wirksamer, präventiver Sanktionen, um von Aggressionen abzuschrecken. Garantieren Sie die Energiesicherheit der Ukraine, sorgen Sie für ihre Einbeziehung in den europäischen Energiemarkt, wenn Nord Stream 2 von Russland als Waffe benutzt wird.

All diese Fragen müssen beantwortet werden. Bisher ist uns stattdessen nur Schweigen entgegengeschlagen. Und solange das Schweigen anhält, wird es im Osten unseres Staats keine Stille geben. Das heißt in Europa. Das heißt in der ganzen Welt. Ich hoffe, dass Europa, dass die Welt dies endlich begreift.

Meine Damen und Herren, ich danke allen Staaten, die die Ukraine heute unterstützen. Durch Worte, Erklärungen, konkrete Hilfe. Ich danke denen, die heute auf unserer Seite stehen, auf der Seite der Wahrheit, des Völkerrechts. Ich werde sie nicht nennen – ich will nicht, dass andere Länder sich schämen müssen. Aber das ist deren Problem, ihr Karma, und es lastet auf ihrem Gewissen. Allerdings weiß ich nicht, wie sie den zwei Soldaten, die heute in der Ukraine getötet wurden, und den drei heute Verletzten ihr Handeln erklären wollen.

Und vor allem den drei Mädchen aus Kiew. Eines ist zehn Jahre alt, das zweite sechs, das dritte ein Jahr. Seit heute haben sie keinen Vater mehr. Seit heute Morgen, sechs Uhr mitteleuropäischer Zeit, als Hauptmann Anton Sydorow, ein ukrainischer Nachrichtendienstoffizier, durch Artilleriebeschuss, der laut Minsker Abkommen verboten ist, getötet wurde. Ich weiß nicht, woran er in den letzten Augenblicken seines Lebens gedacht hat. Er wusste sicherlich nicht, was es bräuchte, um den Krieg zu beenden.

Aber er kannte die Antwort auf die Frage, die ich Ihnen am Anfang gestellt habe. Er wusste genau, wer lügt. Möge seine Erinnerung niemals erlöschen. Möge die Erinnerung an alle, die heute und während des Krieges im Osten unseres Staats gestorben sind, für immer lebendig bleiben.

3

Heute sind wir es, morgen seid ihr es

An die Ukrainer,
am Morgen der Invasion, 24. Februar 2022

Um 5.30 Uhr jenes Morgens verkündet der russische Präsident Wladimir Putin in einer Fernsehansprache den Beginn einer »militärischen Sonderoperation« gegen die Ukraine und fordert die ukrainischen Soldaten auf, die Waffen niederzulegen. Kurz darauf verhängt die Ukraine das Kriegsrecht. Die russische Armee überschreitet die ukrainische Grenze an vier Fronten gleichzeitig: im Norden in Richtung Kiew, im Süden von der Krim aus, im Südosten in den separatistischen Donbass hinein und im Osten in Richtung Charkiw. Die Vereinigten Staaten, die Europäische Union und das Vereinigte Königreich drohen Russland umgehend mit schwerwiegenden Sanktionen, erklären aber, keine Truppen in die Ukraine entsenden zu wollen.

Bürger der Ukraine!

Was hört man heute? Es sind nicht nur Explosionen, Raketen, Schlachten, das Donnern von Flugzeugen. Es ist auch das Geräusch eines neuen Eisernen Vorhangs, der sich herabsenkt und Russland von der zivilisierten Welt trennt. Unsere nationale Pflicht ist es, dafür zu sorgen, dass dieser Vorhang nicht durch unser ukrainisches Territorium verläuft, sondern in der Heimat der Russen.

Die ukrainische Armee, der Grenzschutz, die Polizei und die Sonderdienste haben die Angriffe des Feindes aufgehalten. In der Sprache dieses Konflikts kann man dies Pause der »Operation« bezeichnen. Im Donbass leisten unsere Streitkräfte Großes; bei Charkiw ist die Lage besonders schwierig, aber die Verteidigungskräfte der Stadt sind im Einsatz, sie sind zuverlässig, es sind unsere Männer. Am problematischsten ist die Lage heute im Süden. Unsere Truppen sind in den Vororten von Cherson in erbitterte Kämpfe verwickelt. Der Feind unternimmt einen Vorstoß von der besetzten Krim aus und versucht, nach Melitopol vorzudringen. Im Norden des Landes rückt der Feind langsam in die Gegend von Tschernihiw vor, aber dort stehen Kräfte, die ihn aufhalten werden. In der Gegend von Schytomyr wurden sichere Verteidigungslinien errichtet. In Hostomel sind feindliche Fallschirmjäger eingeschlossen, und unsere Truppen haben den Befehl, sie zu eliminieren.

Ja, wir haben leider Verluste, Verluste von Helden. Ja, wir haben russische Soldaten gefangen genommen. Unsere Ärzte behandeln einige von ihnen – diejenigen, die sich ergeben haben. Viele russische Flugzeuge und viele gepanzerte Fahrzeuge wurden zerstört. Ja, wir sehen, dass viele Russen entsetzt sind über das, was gerade passiert. In den sozialen Medien bringen einige Russen bereits ihre Ablehnung des Krieges zum Ausdruck. Wir sehen das. Aber es ist unwahrscheinlich, dass die Führung der Russischen Föderation es sieht.

Also, bitte, wenn Sie uns zuhören, wenn Sie uns verstehen, wenn Sie verstehen, dass Sie ein unabhängiges Land angreifen, gehen Sie auf die Straße und wenden Sie sich an den Präsidenten Ihres Landes.

Wir sind Ukrainer. Wir befinden uns in unserem Land. Sie sind Russen. Jetzt hat Ihre Armee einen Krieg begonnen. Einen Krieg in unserem Staat. Ich würde es sehr begrüßen, wenn Sie dies auf dem Roten Platz oder in irgendeiner Straße in Ihrer Hauptstadt, in Moskau, in St. Petersburg und in anderen Städten in Russland erklärten. Nicht nur auf Instagram – das ist sehr wichtig.

Was sehen wir in dieser Stunde? Für die Weltgemeinschaft wird Russland so etwas wie die sogenannte DNR* – es gerät in völlige Isolation. Ich stehe in ständigem Kontakt mit den Führern der Partnerländer und internationaler Organisationen. Russland bekommt bereits die ersten Sanktionen eines umfangreichen Pakets zu spüren, des machtvollsten in der Weltgeschichte.

Niemand kann uns, die Ukrainer, davon überzeugen oder uns dazu zwingen, unsere Freiheit, unsere Unabhängigkeit und unsere Souveränität aufzugeben. Aber offenbar versucht die Führung Russlands genau dies. Es schadet sich selbst, indem es alles, was es seit 2000 erreicht hat, in die Tonne tritt. Wir betonen, dass nicht die Ukraine den Weg des Krieges gewählt hat. Die Ukraine bietet an, zum Frieden zurückzukehren.

Was können die Ukrainer tun? Sie können bei der Verteidigung helfen und sich den ukrainischen Streit-

---

* Volksrepublik Donezk (Donezkaja narodnaja respublika, DNR), vom russischen Präsidenten Putin am 21. Februar 2022 als eigenständiger Staat anerkannt.

kräften und den Einheiten der Territorialverteidigung anschließen. Jeder Bürger mit Kampferfahrung ist jetzt nützlich. Es hängt von Ihnen, von uns allen ab, ob der Feind in der Lage sein wird, weiter auf das Territorium unseres unabhängigen Staats vorzurücken. Bitte helfen Sie den Freiwilligengruppen und dem Gesundheitssystem, zum Beispiel durch Blutspenden.

Politiker und Verantwortliche in den Gemeinden, helfen Sie den Menschen, ermöglichen Sie ihnen, soweit möglich, ein normales Leben zu führen. Jeder muss sich um seine Lieben sorgen und sich um bedürftige Nachbarn und Bekannte kümmern. Journalisten haben die wichtige Pflicht, unsere Demokratie und die Freiheit in der Ukraine zu verteidigen.

Ich habe heute mit zahlreichen Führern gesprochen – des Vereinigten Königreichs, der Türkei, Frankreichs, Deutschlands, der EU, der Vereinigten Staaten, Schwedens, Rumäniens, Polens, Österreichs und anderer Länder. Wenn Sie, liebe europäische Führer, liebe Weltführer, Führer der freien Welt, wenn Sie uns heute nicht helfen, wird der Krieg morgen an Ihre Tür klopfen.

Ruhm den ukrainischen Streitkräften!

Ruhm der Ukraine!

4

Ziel Nr. 1

An die Ukrainer,
25. Februar 2022

Am Ende des ersten Kampftages, dem 24. Februar, ist die Bilanz für die Ukrainer bedrückend. Der russische Generalstab behauptet, 74 militärische Ziele zerstört zu haben, darunter den internationalen Flughafen von Boryspil. In der Umgebung von Kiew, Odessa und Mariupol fanden Gefechte statt, und das Kernkraftwerk Tschernobyl fiel in die Hände der russischen Streitkräfte. Während die USA weitere 7000 Soldaten nach Deutschland entsenden und die NATO ihre Kontingente in den Nachbarländern der Ukraine verstärkt, verkünden die Partner der Ukraine eine Reihe von Sanktionen, die sich gegen Russlands Wirtschaft und Finanzsystem richten. Bei Antikriegsdemonstrationen in Russland werden 1400 Menschen verhaftet.

Ruhm und Ehre den ukrainischen Streitkräften!

Frauen und Männer, unsere Verteidiger! Ihr verteidigt unser Land hervorragend gegen eines der mächtigsten Länder der Welt. Heute hat Russland das gesamte Territorium unseres Staates angegriffen. Unsere Verteidiger hatten heute viel zu tun. Sie haben fast das gesamte Territorium der Ukraine, das unter schweren Angriffen gelitten hat, verteidigt. Sie haben zurückerobert, was der Feind besetzt hatte, etwa Hostomel bei Kiew. Das stärkt die Zuversicht in unserer Hauptstadt.

Nach vorläufigen Zahlen haben wir heute leider 137 Helden verloren – Mitbürger, zehn von ihnen Offiziere. 316 wurden verwundet. Auf der Insel Smijiny* sind alle Grenzwachen, die sie bis zum Ende verteidigt haben, den Heldentod gestorben. Aber sie haben nicht aufgegeben. Sie alle erhalten posthum den Orden »Held der Ukraine«. Möge die Erinnerung an diejenigen, die ihr Leben für die Ukraine geopfert haben, für immer lebendig bleiben.

Ich bin jedem dankbar, der jetzt Leben rettet und dazu beiträgt, die Ordnung im Staat aufrechtzuerhalten. Der Feind greift nicht nur militärische Einrichtungen an, wie er behauptet, sondern auch Zivilisten. Er tötet Menschen und macht aus friedlichen Städten militärische Ziele. Das ist niederträchtig und wird nie verziehen werden.

Ich weiß, dass jetzt viele Falschmeldungen verbreitet werden. Insbesondere die, dass ich Kiew verlassen hätte. Doch ich bleibe in der Hauptstadt, ich bleibe bei meinem Volk. Im Lauf des Tages habe ich Dutzende von internationalen Gesprächen geführt und mich um die Angelegenheiten unseres Landes gekümmert. Und ich werde weiter in Kiew bleiben. Meine Familie ist ebenfalls in der Ukraine. Meine Kinder sind in der Ukraine. Meine Familie ist keine Familie von Verrätern. Sie sind ukrainische Staatsbürger. Aber ich habe nicht das Recht, zu sagen, wo

* Schlangeninsel.

sie sich derzeit aufhalten. Laut unseren Informationen hat der Feind mich als Ziel Nr. 1 markiert. Meine Familie ist Ziel Nr. 2. Man will die Ukraine politisch zerstören, indem man ihr Staatsoberhaupt eliminiert. Wir haben auch Informationen, nach denen feindliche Sabotagegruppen in Kiew eingedrungen sind. Deshalb rufe ich die Kiewer dringend auf: Seien Sie vorsichtig, halten Sie sich an die Regeln der Ausgangssperre. Ich bleibe mit all denen, die für die Arbeit der Regierung notwendig sind, im Regierungsviertel.

Wie viele Gespräche ich mit den Führern verschiedener Länder heute auch geführt habe, manches wurde immer wieder gesagt. Das Wichtigste war, dass man uns unterstützt. Und ich bin jedem Staat dankbar, der der Ukraine konkret hilft, und dies nicht nur mit Worten. Aber: Wir werden bei der Verteidigung unseres Staats alleingelassen. Wer ist bereit, an unserer Seite zu kämpfen? Ehrlich, ich sehe niemanden. Wer ist bereit, der Ukraine die Aufnahme in die NATO zuzusichern? Ehrlich, alle haben Angst. Heute haben wir aus Moskau gehört, dass man mit uns reden wolle. Man möchte über die Neutralität der Ukraine reden.

Ich sage allen unseren Partnern: Jetzt ist ein wichtiger Augenblick. Das Schicksal unseres Landes steht auf dem Spiel. Ich frage sie: Seid ihr auf unserer Seite? Sie antworten, sie stünden auf unserer Seite. Aber sie sind nicht bereit, uns in die Allianz aufzunehmen. Heute habe ich die 27 Staats- und Regierungschefs Europas gefragt, ob die Ukraine in die NATO aufgenommen werde. Ich habe es direkt gefragt. Aber alle haben Angst. Sie antworten darauf nicht.

Wir fürchten uns vor nichts. Wir fürchten uns nicht davor, unseren Staat zu verteidigen. Wir fürchten uns nicht vor Russland. Wir fürchten uns nicht davor, mit Russland zu reden. Wir fürchten uns nicht davor, über Sicherheitsgarantien für unseren Staat zu sprechen. Wir fürchten uns nicht, über einen Neutralitätsstatus zu sprechen. Wir sind jetzt nicht in der NATO. Doch die Hauptsache ist: Welche Sicherheitsgarantien werden wir haben? Und welche Länder werden sie uns geben?

Wir müssen über ein Ende der Invasion sprechen. Wir müssen über einen Waffenstillstand sprechen. Aber jetzt gerade hängt das Schicksal unseres Landes vollständig von unserer Armee ab, von unseren Helden, unseren Sicherheitskräften, von allen unseren Verteidigern. Und von unserem Volk – von Ihrer Weisheit, von der breiten Unterstützung aller Freunde unseres Landes.

Ruhm der Ukraine!

5

Kämpfen Sie gegen den Krieg

An die Ukrainer,
25. Februar 2022

Die Invasoren erzielen Geländegewinne: Die Stadt Sumy,
von russischen Truppen eingekesselt, ist stark umkämpft. In
Kiew schlugen Raketen ein. Die Truppenstärke der ukrai-
nischen Armee wächst, da zahlreiche zivile Freiwillige sich
ihr anschließen. Mehr als 50 000 Menschen sind bereits aus
der Ukraine geflohen. Russlands Mitgliedschaft im Europa-
rat ist ausgesetzt, und die Sanktionen der USA richten sich
nun gegen russische Finanzinstitutionen. Präsident Putin
bekräftigt erneut, die Ukraine »entnazifizieren« zu wollen,
eine Absicht, die jeder Grundlage entbehrt (Rechtsextreme
bilden in dem Land eine Minderheit; der ukrainische Prä-
sident ist selbst jüdischer Abstammung). Die Internationale
Atomenergiebehörde stellt einen Anstieg der Radioaktivität
fest, der jedoch vorläufig als nicht schwerwiegend eingestuft
wird.

Der zweite Tag eines umfassenden Krieges. Um vier Uhr
früh haben die russischen Streitkräfte den Raketenbe-
schuss auf ukrainisches Hoheitsgebiet wieder aufgenommen. Sie behaupten, keine zivilen Objekte ins Visier zu

nehmen. Das ist eine Lüge. In Wirklichkeit nehmen sie keinerlei Rücksicht auf die Art ihrer Ziele.

Wie gestern sind Militär und Zivilisten gleichermaßen von den russischen Angriffen betroffen. Der Zweck dieser Angriffe ist es, Druck auf Sie, die Bürger der Ukraine, ja, auf unsere ganze Gesellschaft auszuüben. Ich betone: Druck nicht nur auf die Regierung, sondern auf alle Ukrainer.

Und heute noch mehr als gestern. Unsere Männer und Frauen, allesamt Verteidiger der Ukraine, haben verhindert, dass der Feind den Operationsplan seiner Invasion am ersten Tag umsetzen konnte. Die Ukrainer beweisen wahren Heldenmut. Der Feind wurde fast überall gestoppt.

Es wird weitergekämpft. Die russischen Angriffe werden in der Erwartung fortgesetzt, dass unsere Truppen müde werden. Aber niemand ist müde. Die ukrainischen Luftabwehrkräfte schützen unseren Himmel, so gut es ihnen möglich ist. Feindliche Flugzeuge operieren heimtückisch über Wohngebieten, unter anderem über unserer Hauptstadt. Am Morgenhimmel über Kiew gab es schreckliche Explosionen, Bomben trafen ein Haus, Feuer – all das erinnert an die ersten derartigen Angriffe auf unsere Hauptstadt im Jahr 1941.*

Heute Morgen verteidigen wir unseren Staat allein, ebenso wie gestern. Die mächtigsten Streitkräfte der Welt

---

* Die Schlacht um Kiew, bei der sich die deutschen und die sowjetischen Streitkräfte gegenüberstanden, begann am 23. August 1941 und endete 26. September desselben Jahres mit dem Einmarsch der Wehrmachtstruppen in die Stadt.

beobachten uns aus der Ferne. Haben die gestern beschlossenen Sanktionen gegen Russland gewirkt? Wir hören an unserem Himmel und sehen auf unserem Boden, dass sie nicht ausreichen. Die ausländischen Truppen versuchen weiter, ihren Vormarsch auf unserem Territorium fortzusetzen.

Nur die Solidarität und Entschlossenheit der Ukrainer kann unsere Freiheit bewahren und unseren Staat schützen. Armee, Grenzschutz, Nationalgarde, Polizei, Nachrichtendienste, Territorialverteidigung: Alle tun ihre Pflicht. Heute kommt es darauf an, dass auch unsere Bürger höchstes Durchhaltevermögen beweisen und sich gegenseitig helfen. Kümmern Sie sich um Ihre Familien und Ihre Lieben, aber vergessen Sie nicht die Menschen um Sie herum – die Alleinstehenden, die Alten. Helfen Sie ihnen mit Essen. Helfen Sie ihnen, einen Unterschlupf zu finden, wenn es einen Fliegeralarm gibt. Helfen Sie ihnen, überprüfte offizielle Informationen zu erhalten.

Halten Sie den Feind auf, wo immer Sie ihn sehen. Das Schicksal der Ukraine hängt allein von den Ukrainern ab. Niemand außer uns selbst hat unser Leben in der Hand. Wir befinden uns in unserem Land, die Wahrheit ist auf unserer Seite. Man wird unseren Charakter nicht zerstören können. Die Kalibr-Raketen* sind gegen unsere Freiheit wirkungslos. Russland wird früher oder später mit uns sprechen müssen – darüber, wie die Kämpfe beendet und die Invasion gestoppt werden kann. Je früher diese Gespräche beginnen, desto geringer werden die russischen Verluste sein.

* Sowjetischer, später russischer Lenkwaffentyp.

Liebe Bürger der Russischen Föderation, wie schon gesagt, hat man heute Abend begonnen, Wohngebiete der Heldenstadt Kiew zu bombardieren. Das erinnert mich sehr an das Jahr 1941. Allen Bürgern der Russischen Föderation, die auf die Straße gehen, um zu protestieren, möchte ich sagen: Wir sehen Sie. Es bedeutet, dass Sie uns gehört haben. Es bedeutet, dass Sie beginnen, uns zu vertrauen. Kämpfen Sie für uns. Kämpfen Sie gegen den Krieg.

Liebe Bürger der Ukraine, wir verteidigen uns selbst! Wir hören nicht auf!

Ruhm euch allen! Ruhm unserer Armee!

Ruhm der Ukraine!

6

Staatsterrorismus

An die Ukrainer,
1. März 2022

Die russischen Truppen erobern Melitopol, besetzen einen Teil von Cherson und starten die Offensive gegen Mariupol. Die Weltgemeinschaft reagiert empört über die Angriffe auf die Zivilbevölkerung, insbesondere in Charkiw. Die russische Strategie wird immer deutlicher: Die Truppen umzingeln urbane Ballungsgebiete, bombardieren dann die Wohngebiete und überziehen die belagerten Städte mit Terror. Tschetschenische Kämpfer haben sich der russischen Armee angeschlossen, gleichzeitig stoßen am Asowschen Meer separatistische Kräfte aus der Ostukraine zu ihr. Der ukrainische Widerstand scheint jedoch wesentlich stärker zu sein, als die Russen erwartet haben. Die ersten Gespräche zwischen den Kriegsparteien, die am 28. Februar an der belarussisch-ukrainischen Grenze stattfanden, endeten ergebnislos. Die Europäische Union stellt Militärhilfe in Höhe von 500 Millionen Euro bereit, die USA sagen 350 Millionen Dollar zu. Insgesamt soll sich die Hilfe für die Ukraine im Lauf des Jahres auf über eine Milliarde Dollar belaufen. Die EU und die USA einigen sich darauf, mehrere russische Banken vom internationalen Zahlungssystem SWIFT auszuschlie-

ßen. Unterdessen beginnen die Sanktionen erste Wirkung zu zeigen: Die russischen Zinssätze haben sich verdoppelt, und der Rubel befindet sich im freien Fall. Russland bestreitet weiterhin, zivile Ziele angegriffen oder getroffen zu haben.

Charkiw: Ein Marschflugkörper schlägt ein. Auf dem größten Platz Europas, dem Freiheitsplatz. Es gibt Dutzende von Opfern. Dies ist der Preis der Freiheit. So sieht der Morgen des ukrainischen Volks aus.

Das ukrainische Charkiw und das russische Belgorod haben immer enge Beziehungen zueinander unterhalten. Sogar die Grenze zwischen ihnen existierte nur formal auf der Landkarte, nicht in den Köpfen der Menschen, nicht in der Seele. Doch jetzt hat sich alles verändert – nachdem der Marschflugkörper von Belgorod aus Charkiw getroffen hat. Die Rakete, die auf dem Freiheitsplatz einschlug, mitten in unserem Charkiw – das ist Terror gegen diese Stadt. Es gab kein militärisches Ziel auf diesem Platz, ebenso wenig wie in den Wohnvierteln von Charkiw, die von Artilleriegeschossen getroffen wurden.

Eine Rakete auf den zentralen Platz einer Stadt abzuschießen ist ein offener, unverhüllter Terrorakt. Niemand wird ihn verzeihen. Niemand wird ihn vergessen. Dieser Angriff auf Charkiw ist ein Kriegsverbrechen. Es ist Staatsterrorismus der Russischen Föderation. Seit diesem Angriff ist Russland ein terroristischer Staat. Das ist offensichtlich, und es muss öffentlich gesagt werden. Wir rufen alle Länder der Welt auf, auf diese kriminelle Taktik des Aggressors sofort nachdrücklich zu reagieren und zu erklären, dass Russland sich des Staatsterrorismus schuldig gemacht hat. Wir verlangen, dass die Terroristen vor internationalen Gerichten zur Verantwortung gezogen werden.

Charkiw und Kiew sind derzeit Russlands wichtigste Ziele. Der Terror soll uns brechen. Er soll unseren Widerstand brechen. Deshalb ist die Verteidigung der Hauptstadt heute die oberste Aufgabe des Staats. Alle ukrainischen Städte müssen ihr Möglichstes tun, um den Feind aufzuhalten. Die zivilen und militärischen Behörden jeder Stadt sind dafür verantwortlich. Doch Kiew ist etwas Besonderes. Indem wir Kiew schützen, schützen wir auch unseren Staat. Die Stadt ist das Herz unseres Landes. Es muss weiterschlagen. Und es wird weiterschlagen, damit das Leben triumphiert.

Liebe Einwohner von Kiew, die Verteidigung der Hauptstadt steht an erster Stelle. Deshalb habe ich beschlossen, für die Dauer des Krieges einen Berufsoffizier zum Chef der Militärverwaltung von Kiew zu ernennen – um die Verteidigung der Stadt zu gewährleisten und den Vormarsch des Feindes in Richtung unserer Hauptstadt zu stoppen. Und um sicherzustellen, dass die Menschen in Kiew alles haben, was sie brauchen. Zum Leiter der Militärverwaltung berufe ich den ehemaligen Kommandeur der Unterstützungskräfte, General Mykola Mykolayovych Zhyrnov, der die technische Unterstützung der Militäroperationen der ukrainischen Streitkräfte in den Jahren 2014/15 organisiert hat. Zurzeit ist er als Berater des militärischen Sicherheitsdiensts beim Sicherheits- und Verteidigungsrat tätig. Vitali Klitschko bleibt Bürgermeister von Kiew. Er wird einen eigenen Zuständigkeitsbereich haben. Jetzt aber haben der Bürgermeister und der Chef der Militärverwaltung eine gemeinsame Aufgabe.

Nach dem Krieg dann werden wir in der Hauptstadt alles wieder in den Normalzustand zurückversetzen.

Was unsere Diplomaten betrifft, so setzen sie derzeit gerechte und absolut notwendige Entscheidungen um, die Staaten betreffen, die ihr Wort gebrochen haben und das Völkerrecht missachten. Wir haben unseren Botschafter in Kirgisistan umgehend zu Konsultationen zurückgerufen, weil dieses Land die Aggression gegen die Ukraine gerechtfertigt hat. Wir haben unseren Botschafter in Georgien zurückgerufen, weil man dort Freiwilligen, die uns helfen wollen, Hindernisse in den Weg legt und weil das Land eine unmoralische Haltung zu den beschlossenen Sanktionen einnimmt.

Ich möchte mich jetzt an diejenigen wenden, deren Verhalten ein Beispiel für höchste moralische Stärke ist: die Ärzte. Sie retten rund um die Uhr Leben. Jede Minute. Jetzt stellt Ihre Arbeit eine unserer wichtigsten Verteidigungslinien dar. Sie machen es großartig. In fünf Tagen wurden Tausende von Leben gerettet. Ich bin auch all jenen dankbar, die unsere Bürger unter diesen extrem schwierigen Bedingungen mit allem versorgen, was sie zum Leben brauchen, mit Lebensmitteln, Energie und Medikamenten. Ich danke den einfachen Ukrainern, die mit bloßen Händen Panzer aufhalten, die Invasoren mit mentaler Stärke aus öffentlichen Gebäuden vertreiben und deren Anwesenheit in der Ukraine zu einer Schande machen, indem sie ihnen zeigen, dass sie hier Fremde sind. Das macht einen Volkskrieg aus. Das macht das Volk der Ukraine aus.

Ruhm der Ukraine!

7

Sie wollten die Ukraine oft zerstören – und sind gescheitert

An die Ukrainer,
3. März 2022

Die Bombenangriffe auf Charkiw und Mariupol, wo eine blutige Blockade errichtet wurde, gehen weiter. Die Ukraine beklagt 350 zivile Todesopfer und meldet mehr als 7000 getötete russische Soldaten. Auf der Tribüne der Vereinten Nationen klagt ihr Vertreter einen Völkermord an, während Russland weiterhin jegliche Übergriffe auf die Zivilbevölkerung abstreitet. Gespräche zwischen der Ukraine und Russland an der weißrussischen Grenze führen zu einer Einigung über humanitäre Korridore in die belagerten Gebiete. Russische Oligarchen sind von internationalen Sanktionen betroffen, und in Russland kommt es zu einem regelrechten Exodus westlicher Unternehmen.

Unbeugbares Volk der unbesiegbaren Ukraine!

Vor genau zwei Jahren wurde der erste Fall von Covid-19 in der Ukraine festgestellt. Die ersten Wochen jenes Kampfes waren äußerst schwierig. Aber wir waren einig und daher stark. Deshalb haben wir durchgehalten.

Vor genau einer Woche wurde die Ukraine von einem

anderen Virus angegriffen, einer anderen Krankheit, bei der man unter Annexion und Besetzung leidet. Vor einer Woche, um vier Uhr morgens, hat Russland unsere unabhängige Ukraine, unser Land, angegriffen. In einem akuten Anfall von Aggressivität, Größenwahn, Verfolgungswahn, von schweren psychologischen Komplexen – mit dem Ergebnis, dass Marschflugkörper, Raketenartillerie, Panzer und andere gepanzerte Fahrzeuge wie Heuschrecken über uns herfallen.

Die ersten Stunden und Tage des voll ausgebrochenen Krieges waren äußerst schwierig. Aber wir waren einig und daher stark. Deshalb haben wir durchgehalten. Und so wird es auch bleiben. Wir werden weiter durchhalten.

Wegen unseres Durchhaltevermögens waren die Invasoren gezwungen, ihre Taktik zu ändern. Die russischen Raketen und Bomben, die ukrainische Städte treffen, sind das Eingeständnis, dass sie keine größeren Bodenoperationen durchführen können. Alle unsere Verteidigungslinien werden gehalten. Der Feind hat in keiner strategischen Richtung Erfolg. Er ist demoralisiert. Er ist verflucht.

Kiew hat die Nacht überlebt und einen weiteren Angriff mit Raketen und Bomben überstanden. Unsere Luftverteidigung hat funktioniert. Cherson, Isjum und andere Städte, die von den Invasoren aus der Luft angegriffen wurden, gaben nicht nach. Tschernihiw, Sumy und Mykolajiw hielten stand. Odessa – sie wollen auch Odessa zerstören, aber sie werden nur den Grund des Schwarzen Meeres sehen. Das Ziel der Russen war die Mariä-Entschlafens-Kirche in Charkiw, eines der ältesten orthodoxen Denkmäler der Stadt, ein ukrainisches Denkmal. Während des Krieges ist die Kirche ein Schutzraum der Bürger von Charkiw. Ein Schutzraum für alle Menschen, Gläubige und Nichtgläubige. Für alle, weil alle gleich sind. Ein heiliger Ort. Jetzt ist er durch den Krieg beschädigt. Nicht einmal davor schrecken sie zurück! Sie freuen sich, dass Gott sie nicht sofort straft. Aber er sieht es. Und er gibt Antworten. Antworten, vor denen sie sich nicht verstecken können. Es gibt keinen Bunker, in dem man Gottes Antwort überleben könnte.

Und wir werden die Kirche wiederherstellen, damit keine Spuren des Krieges zurückbleiben. Selbst wenn Ihr alle unsere Kathedralen und Kirchen zerstört, werdet Ihr doch unseren aufrichtigen Glauben an Gott, an die Ukraine, den Glauben an die Menschen nicht zerstören. Wir werden alle Häuser, alle Straßen, alle Städte wieder aufbauen. Und wir rufen Russland zu: Lernt die Worte »Wiedergutmachung« und »Buße«. Ihr werdet alles ersetzen, was ihr der Ukraine angetan habt. In voller Höhe. Und wir werden diejenigen, die umgekommen sind, ebenso wenig vergessen wie Gott.

Ihr seid gekommen, um unsere Städte zu zerstören und unser Volk zu vernichten. Nehmt uns alles, was uns lieb und teuer ist. Ihr habt ukrainischen Zivilisten Strom, Wasser und Heizung abgestellt. Ihr lasst die Menschen ohne Nahrung und Medikamente. Ihr bombardiert alle Fluchtwege. Es gibt keine Waffe, die ihr nicht gegen uns, gegen die freien Bürger der Ukraine, einsetzen würdet. Und jetzt lasst ihr eure Propagandisten verbreiten, dass ihr sogenannte humanitäre Kolonnen in die Ukraine schicken werdet. Denkt daran, ihr Gottlosen: Wenn Millionen Menschen euch verfluchen, gibt es nichts, was euch retten kann.

Die Ukrainer in den vom Krieg zerrütteten Regionen werden alles, was sie brauchen, von uns erhalten. Die Koordinierungszentren arbeiten auf Hochtouren. Wirklich humanitäre Lieferungen sind auf dem Weg. Unsere Regierung hat bereits ein Hilfsprogramm für alle Ukrainer, die ihre Arbeit verloren haben, auf den Weg gebracht. Jetzt. Wegen des Krieges. Dort, wo gekämpft wird! Jeder Arbeitnehmer, jeder Unternehmer, jeder Bürger, den Russland der Arbeit beraubt hat, erhält ohne jede Vorbedingung 6500 Griwna. An die älteren Ukrainer gewandt, möchte ich betonen: Wir sichern Ihnen die vollständige Auszahlung Ihrer Renten zu. Indexierte Renten, wie es das Gesetz vorsieht. Ab dem 1. März werden die Renten der Ukrainer um 14 Prozent erhöht. Die Gelder wurden bereits an die Banken überwiesen. Alle Zahlungen sind in vollem Umfang gewährleistet.

Die Ukraine erhält täglich Waffen von ihren Partnern. Von ihren wahren Freunden. Immer machtvollere Waffen – jeden Tag. Es melden sich bereits ausländische Freiwillige, die in unser Land kommen wollen, die ersten von 16 000. Sie werden die Freiheit verteidigen, das Leben. Für uns. Für alle. Und es wird ein erfolgreicher Kampf sein. Da bin ich mir sicher.

In unserem Land und unserer Geschichte haben wir zwei Weltkriege überlebt, zwei Holodomors,* den Holo-

---

* Die Hungersnöte in der Ukraine während der Sowjetzeit.

caust, Babyn Jar,* den Großen Terror, die Explosion von Tschernobyl, die Besetzung der Krim und den Krieg im Osten. Unser Territorium ist nicht riesig, es reicht nicht von einem Ozean zum anderen, und wir haben keine Atomwaffen, wir überschwemmen die Weltmärkte nicht mit Öl und Gas. Aber wir haben unser Volk und unser Land. Und für uns ist es Gold wert. Dafür kämpfen wir.

Wir haben nichts zu verlieren, außer unserer Freiheit und unserer Würde. Für uns sind das die größten Schätze. Man hat oft versucht, uns zu zerstören, und ist damit gescheitert. Man wollte uns von der Oberfläche des Planeten auslöschen – es ist nicht gelungen. Man ist uns in den Rücken gefallen, aber wir stehen aufrecht da. Man wollte uns zum Schweigen bringen. Aber die ganze Welt hat uns gehört. Wir haben so viel durchgemacht! Und wenn jemand denkt, dass die Ukrainer – wir alle –, nachdem sie all dies überstanden haben, Angst haben, gebrochen sind oder sich ergeben werden, versteht er die Ukraine nicht. Er hat dann in der Ukraine nichts zu suchen. Er soll nach Hause gehen. In seine Heimat. Und russischsprachige Menschen dort schützen. Nicht in der ganzen Welt. Sondern in seinem Land. Es gibt dort fast 150 Millionen von ihnen. Und hier …

Ruhm und Ehre der Ukraine!

* Im Tal Babyn Jar, nahe Kiew gelegen, wurden am 29. und 30. September 1941 über 33 000 jüdische Männer, Frauen und Kinder von den deutschen Besatzern ermordet. Beteiligt an dem Massaker waren u. a. der Sicherheitsdienst des Reichsführers SS, die SS und die Wehrmacht.

8

Die Nacht, die das Ende der Geschichte hätte bedeuten können

An die Ukrainer,
4. März 2022

Eine russische Rakete trifft das Gelände des Kernkraftwerks Saporischschja, das anschließend von russischen Truppen besetzt wird. Die internationale Gemeinschaft warnt daraufhin vor der Gefahr eines nuklearen Unfalls und verurteilt das russische Vorgehen aufs Schärfste. Gleichzeitig machen die russischen Streitkräfte, die von der Krim aus vordringen, große Geländegewinne im Süden. Dieses Gebiet ist von entscheidender Bedeutung, da hierdurch die Landroute nach Odessa verläuft, einem der wichtigsten wirtschaftlichen Kraftzentren der Ukraine und ihr wichtigster Seehafen. In Mariupol verschlechtert sich die Lage zunehmend: Die Einwohner haben keine funktionierende Heizung, und das Trinkwasser geht zur Neige. Nach Angaben des Welternährungsprogramms könnte die Krise in der Ukraine eine Hungersnot in bestimmten Regionen der Welt heraufbeschwören, die von Getreidelieferungen aus Russland und der Ukraine abhängig sind.

Volk der Ukraine!

Wir haben die Nacht überlebt, die das Ende der Geschichte hätte bringen können. Der ukrainischen Geschichte. Der europäischen Geschichte. Russische Truppen haben das Kernkraftwerk Saporischschja angegriffen. Das größte seiner Art in Europa, das allein für ein sechsfaches Tschernobyl sorgen könnte. Die russischen Panzer wussten, worauf sie feuerten: direkt und gezielt auf das Kraftwerk. Das ist Terror in einer nie da gewesenen Dimension.

Die Ukraine verfügt über 15 Kernreaktoren. Und die russischen Soldaten haben Tschernobyl offenbar vollkommen vergessen, diese globale Tragödie.

Bürger Russlands, ich wende mich an euch: Wie kann das überhaupt möglich sein? Gemeinsam haben wir 1986 mit den Folgen der Tschernobyl-Katastrophe gerungen. Ihr erinnert euch sicher an das durch die Explosion in die Luft geschleuderte brennende Graphit. An die Evakuierungen aus Prypjat und aus der 30-Kilometer-Zone. Wie konntet ihr das vergessen?

Wenn ihr es aber nicht vergessen habt, dann könnt ihr nicht schweigen. Ihr müsst es euren Behörden sagen. Geht auf die Straße und zeigt, dass ihr leben wollt – auf einer Erde ohne radioaktive Verseuchung. Nukleare Strahlung weiß nicht, wo die Grenze zu Russland verläuft.

Die ganze Nacht über war ich in Kontakt mit Partnern, mit führenden Persönlichkeiten anderer Länder, sodass die Welt reagieren konnte. Ich konnte spüren, dass sie schockiert waren. Großbritannien wird zu diesem Angriff eine Sitzung des US-Sicherheitsrates einberufen. Die

IAEA* versetzt ihr Incident and Emergency Center in Bereitschaft. Sofortige Sanktionen gegen den nuklearterroristischen Staat sind vonnöten. Die unverzügliche Sperrung des Luftraums über der Ukraine ist geboten, denn nur sie kann die Gewähr dafür bieten, dass Russland nicht mit Raketen und Bomben Atomkraftwerke attackiert.

Ich danke unseren Helden von der Nationalgarde, die das Kraftwerk verteidigt und versucht haben, den Feind zu stoppen. Ich danke den Rettungskräften, die das Feuer gelöscht haben. Doch vor allem kommt es auf die einfachen Menschen aus Enerhodar an. Ihr versteht besser als irgendwer sonst, was die Gefahr, die dem Kraftwerk droht, bedeutet. Ihr lebt dort, Tür an Tür mit dem Kraftwerk. Und ihr habt die Invasoren direkt im Blick. Vertreibt sie. Macht ihnen klar, dass Enerhodar der Ukraine gehört. Dass die Ukraine kein Ort ist für nukleare Asche.

Ukrainerinnen und Ukrainer, der Feind ist mit der Mehrzahl seiner Streitkräfte auf unser Staatsgebiet vorgedrungen. Fast die gesamte russische Armee wird gegen unser Volk ins Feld geschickt. Doch dank der heroischen Gegenwehr der Ukrainer können wir seit neun Tagen unser Land gegen diese Invasion verteidigen. Seit der Besetzung durch die Nazis haben ukrainische Städte nicht mehr solch unmenschliche Grausamkeiten erlebt. Tschernihiw, Ochtyrka, Charkiw, Mariupol … Sie zerstören vorsätzlich zivile Infrastrukturen, vernichten Menschen, Wohnviertel. Erst gestern haben russische Bomben in Tschernihiw 47 Personen getötet. Friedliche Menschen. Charkiw wird durch Raketenartillerie und Luftangriffe

* Internationale Atomenergiebehörde.

schlicht und einfach zerbombt. *Russland vernichtet Charkiw.* Wie konnte es dazu kommen? Heute Morgen schlug in Schytomyr eine Rakete in einem Schulgebäude ein – und traf Kinder. So sieht es in Wirklichkeit aus, wenn das »brüderliche« Russland zu Besuch kommt.

Gestern ist es uns bei Gesprächen in Belarus gelungen, uns auf die Öffnung von humanitären Korridoren dort, wo die Not am größten ist, zu einigen. Wir werden heute sehen, ob diese Übereinkunft funktioniert.

Unsere Verteidiger fügen dem Feind maximale Verluste zu. Bei Mykolajiw wurden bis zu diesem neunten Tag des Krieges fast 9200 Invasoren getötet. Wir haben sie bei Mykolajiw geschlagen, wir haben sie bei Charkiw geschlagen, wir haben sie bei Kiew geschlagen. Die Hauptstadt bleibt ein Hauptziel der Invasoren, aber sie werden uns nicht das Genick brechen, werden nicht unsere Staatlichkeit vernichten. Niemals. Gleich, was sie anstellen, sie werden verlieren. Weil wir hier zu Hause sind. Wir sind in unserem eigenen Land.

Sie begehen andauernd Provokationen. Eine solche wird gerade in Cherson vorbereitet. Sie werden die Aufführung einer Art Autokorso für Russland inszenieren. Um das zu bewerkstelligen, haben sie auswärtige Leute in die Stadt geholt. Und sie suchen nach lokalen Verrätern. Sie wollen einen Fernsehbericht machen, dem zufolge Cherson gar keine ukrainische Stadt mehr sei.

Ich möchte euch daran erinnern, dass das genau die Methode ist, mit der sie die sogenannten Republiken Donezk und Luhansk errichtet haben. Ihr wisst, was denen später widerfahren ist. Dem muss ein Riegel vorgeschoben werden. Einwohner von Cherson, zeigt, dass das eure

Stadt ist! Ihr könnt alles stoppen, jeden Plan der Invasoren. Hört auf niemanden – hört auf eure Kinder, hört auf euer Herz. Ihr seid Ukrainer.

Ich rufe die Bewohner von Cherson auf: Verzweiflung gilt nicht. Die Ukraine wird nicht hergeben, was uns gehört. Wir kämpfen gegen einen mächtigen Feind, der uns zahlenmäßig überlegen ist und der eine hohe Materialüberlegenheit hat. Der aber Tausende Lichtjahre von den normalen Menschen entfernt ist, die menschliche Würde besitzen. Zeigt es! Unsere Nationalfahne. Unsere Nationalhymne. Unser Nationalbewusstsein. Lasst die Besatzer wissen, dass sie sich nur vorübergehend in Cherson aufhalten können. Und dass sie es nie schaffen werden, Cherson in ihren Besitz zu bringen. Wie in jeder anderen Stadt in der Ukraine – einer Stadt unseres Staates.

Ruhm der Ukraine!

9

Wir haben unsere Zukunft
schon gewonnen

An die Ukrainer,
6. März 2022

Die Bombenangriffe auf Mariupol und Tschernihiw nehmen zu und schüren Katastrophenängste. Die humanitären Korridore sind von den Russen, obwohl sie sie zuvor akzeptiert hatten, blockiert worden, am 5. und 6. März. Als sich russische Truppen Kiew nähern, vor allem aus dem Süden, stellt sich der ukrainische Widerstand dem Feind entgegen. In von den Russen besetzten Städten, insbesondere in Cherson, finden zahlreiche Demonstrationen statt. Immer mehr ausländische Freiwillige schließen sich den ukrainischen Streitkräften an, inzwischen sind es 20 000. Die Zahl der Flüchtlinge überschreitet eineinhalb Millionen, es handelt sich überwiegend um Frauen und Kinder. Mehrere Länder, vor allem Israel und die Türkei, bieten sich als Vermittler an.

Ich wünsche dir den Sieg, ukrainisches Volk!

Beginnen möchte ich mit den Worten des Zuspruchs, die wir von unseren Partnern hören. Von unseren Freunden sehr wichtige Worte des Zuspruchs, untermauert von konkreten Taten.

Jeden Tag und jede Nacht spreche ich mit den Führern und Führerinnen vieler Länder, auch mit führenden Vertretern der Wirtschaftswelt. In all den Tagen seit Beginn des Krieges vergeht fast keine Stunde, ohne dass die Ukraine erfährt, welche Unterstützung sie erhalten wird.

Darüber habe ich gestern Abend wieder einmal mit Präsident Biden gesprochen. Ich bin ihm dankbar für seine Entschlossenheit. Dafür, dass er weitere neue Sanktionen für die Ukrainer und Europäer vorbereitet. Weitere neue Sanktionen gegen die Aggression!

Zuvor besprach ich mich mit amerikanischen Kongressabgeordneten – mehr als zweihundert Repräsentanten beider Kongressparteien. Sie sind sehr ehrlich. Sie brennen darauf, uns zu helfen, konkrete Unterstützung zu leisten. Das sind Gespräche, die uns in unserer Zuversicht bestärken. Weil derjenige, der auf der Seite des Lichts steht, nie in der Finsternis versinken wird.

Die Welt hat die Macht, unseren Luftraum für russische Raketen zu sperren, für russische Kampfflugzeuge und Hubschrauber. Falls jemand noch Zweifel daran hat: Die Ukraine braucht Flugzeuge. Das ist im Grunde ganz einfach – wenn du den Willen hast, den Himmel sicher zu machen. Den Himmel über der Ukraine. Den Himmel Europas.

Ich habe mit dem Premierminister von Australien gesprochen. Und ich bin den Australiern dankbar für ihre moralische Haltung zu russischen Exporten. Es darf keinen Teil der Welt geben, wo ein terroristischer Staat Geld verdienen kann.

Die Premierminister von Albanien, Bulgarien und Israel: Unterstützung für die Ukraine. Eine anregende Unterredung hatte ich mit Elon Musk, einem Mann, der Raketen für die Zukunft erschafft anstelle von Raketen, die für die Vergangenheit töten. Wir sprachen darüber, wie wir jetzt siegen können. Und darüber, wie wir später zusammenarbeiten können. Nach dem Sieg.

Unterstützung für die Ukraine kommt von der Weltwirtschaft, von den führenden Leuten der fortschrittlichsten Unternehmen, und sie ist nicht weniger wichtig als Unterstützung seitens maßgeblicher Länder. Wenn die Welt der Wirtschaft zu dir steht und sich nicht fürchtet, hast du doppelten Schutz. Und dreifache Rüstung. Hast du eine Zukunft.

Ukrainer! Wir haben unsere Zukunft schon gewonnen. Aber wir kämpfen immer noch um unsere Gegenwart. Das ist sehr wichtig. Wir kämpfen für den Verlauf unserer Staatsgrenzen. Um Leben oder Versklavung. Und das ist nicht nur unsere Wahl allein. Die Bürger Russlands treffen in diesem Moment genau dieselbe Wahl. Dieser Tage, in diesen Stunden. Zwischen Leben und Versklavung. Heute. Morgen. Nächste Woche. Jetzt ist die Zeit, da es noch möglich ist, ohne unwiederbringliche Verluste das Böse zu besiegen. Solange sie für ein Flaggezeigen mit Entlassung oder Polizei drohen, aber nicht mit dem Gulag. Mit materiellen Verlusten, aber nicht mit Erschießung. Verpasst nicht diese Chance! Soziale Netzwerke, Freunde, Bekannte, Kollegen und Verwandte – Ihr müsst euch Gehör verschaffen! Wir, die Ukrainer, wollen Frieden! Bürger Russlands! Für euch ist dies ein Kampf nicht nur um Frieden in der Ukraine, es ist auch ein Kampf um euer Land. Um das Beste, was es hatte. Um die Freiheit, die ihr erblickt habt. Um den Wohlstand, dem ihr nahe wart. Wenn ihr jetzt den Mund haltet, wird später nur noch eure Armut für euch sprechen. Und die einzige Antwort auf euer Schweigen wird die Repression sein.

Haltet nicht den Mund!

Die russischen Soldaten, die von unseren Verteidigern gefangen genommen worden sind, haben zu reden begonnen. Hunderte und Hunderte Gefangene. Unter ihnen sind Piloten der Flugzeuge, die unsere Städte bombardiert haben – unsere friedfertige Bevölkerung. Wir haben uns ihre Aussagen angehört. Wir haben die Dokumente gesehen. Landkarten. Pläne. Ausgearbeitet nicht gestern. Das ist nichts Improvisiertes. Das ist Krieg.

Sie haben diese Invasion genau so geplant – grausam, zynisch. Unter bewusster Verletzung der Regeln der Kriegführung. Deshalb Charkiw. Deshalb Tschernihiw. Deshalb Sumy. Deshalb Mariupol. Und viele, viele weitere ukrainische Heldenstädte, die vom Bösen in Reinkultur heimgesucht worden sind. Vom Grauen.

Das war so geplant. Aber es wird nicht unsere Menschlichkeit abtöten. Trotz allem behandeln wir unsere Kriegsgefangenen nach den Regeln der Genfer Konvention. Trotz allem feuern wir unsere Raketen nicht zur Revanche auf zivile Einrichtungen – in Russland. Oder in Belarus, von wo aus Tag für Tag Raketen in unser Land geflogen kommen.

Kolonnenweise militärische Ausrüstung. Luftangriffe. Auf friedfertige Menschen. Auf friedliche Städte. Schytomyr, Korosten, Owrutsch, Vororte von Kiew, Städte im Süden … Sie bereiten Bombenangriffe auf Odessa vor.

Odessa!

Seit jeher sind Russen nach Odessa gekommen. Und

sind in Odessa immer nur mit Wärme empfangen worden. Nur mit Aufrichtigkeit. Und jetzt was? Bomben auf Odessa? Artillerie gegen Odessa? Raketen auf Odessa?

Es wird ein Kriegsverbrechen sein. Es wird ein Verbrechen für die Geschichtsbücher sein.

Ukrainer, wir kämpfen seit elf Tagen. Für die Freiheit, für den Staat. Wir halten stand. Wir sind uns schon im Klaren darüber, wie wir unser Land wieder aufbauen werden. Wir sind schon dabei, Sonderfonds für den Wiederaufbau zu bilden. Wir haben bereits vier davon. Fonds für den Wiederaufbau zerstörter Immobilien und Infrastruktur. Fonds für den Wiederaufbau und Umbau der Wirtschaft. Fonds für staatlichen Schuldendienst und Rückzahlung. Fonds für die Unterstützung kleiner und mittlerer Unternehmen. Und viele weitere Programme zur Unterstützung unserer Menschen. Für die Helden, die um unseren Staat kämpfen. Und das ist erst der Anfang. Jetzt brauchen wir noch immer Stärke. Weisheit. Willenskraft. Sieg. Frieden! Frieden für die Rettung der Ukraine.

Ruhm der Ukraine!

10

Soll der Krieg sie ernähren

An die Ukrainer,
7. März 2022

Während die Verhandlungen zwischen Ukrainern und Russen laut Kiew voranschreiten, erleben Mariupol, Wolnowacha, Sumy und Charkiw einen weiteren Tag tödlicher Bombardierungen, die insbesondere auf die Zivilbevölkerung abzielen. Richtung Charkiw, Kiew, Mariupol und Sumy werden humanitäre Korridore eingerichtet, zugleich legt sich die Schlinge der russischen Einkreisung um die Hauptstadt. Putin bestreitet immer noch, dass in der Ukraine Wehrpflichtige und Reservisten eingesetzt seien, und droht, die Gaslieferungen über die Pipeline Nord Stream 1 zu stoppen. Die Vereinigten Staaten und die Europäische Union diskutieren über ein Einfuhrverbot für russisches Erdöl.

Friedfertige Bürger eines Krieg führenden Staates!

Wir verteidigen uns seit nunmehr zwölf Tagen gegen die Invasion. Wir haben diesen Krieg nie gewollt. Aber er wurde uns eingeschenkt. Wir haben nie vom Töten geträumt. Aber wir müssen den Feind vertreiben. Aus unserem Land und aus unserem Leben.

Wir müssen aushalten, was kein anderes europäisches

Volk in den letzten rund achtzig Jahren erleben musste. Und in unserem Land wird sich entscheiden, ob auch anderswo in Europa jemand derselben Aggression zum Opfer fallen wird.

Ich erzähle das den führenden Staatsmännern der Welt und bekomme von ihnen Zustimmung. Wir Ukrainer entscheiden über die Zukunft des Kontinents – mit unserem Widerstand. Und unsere Freunde – mit ihrer Unterstützung. Ich habe erneut mit dem polnischen Präsidenten Andrzej Duda gesprochen. Die Polen stehen uns bei. Ich habe mit dem Premierminister des Vereinigten Königreichs gesprochen, Boris Johnson, und mit dem italienischen Premier Mario Draghi. Mit dem französischen Präsidenten Emmanuel Macron und mit dem indischen Premierminister Narendra Modi. Ich habe dabei sehr wichtige Signale empfangen, von denen ich sicher bin, dass sie die Position der Ukraine stärken.

Die Auffassungen, die wir in diesen Gesprächen mit Partnern vertreten, sind absolut logisch. Sie sind fair. Ehrlich. Wenn die Invasion weitergeht und Russland nicht von seinen Plänen gegen die Ukraine ablässt, braucht es ein neues Sanktionspaket. Neue Sanktionsschritte gegen den Krieg und für den Frieden.

Etwa Boykotte gegen russische Exporte, insbesondere gegen Öl- und Gasprodukte aus Russland. Man kann das ein Embargo nennen oder einfach nur ein Gebot der Moral. Dass man sich weigert, einem Terroristen Geld zu zahlen. Boykott auch aller Ausfuhren nach Russland. Wenn sie nicht nach zivilisierten Regeln spielen wollen, sollten sie keine Güter und Dienstleistungen aus zivilisierten Ländern erhalten. Soll doch der Krieg sie ernähren.

Die internationale Gemeinschaft muss noch entschiedener handeln. Wenn jemand den Verstand verliert, dann müssen wir die Angst verlieren und dürfen nicht ans Geschäft denken. Wir müssen uns verteidigen. Man muss Moral beweisen, sowohl als Staat wie auch als Wirtschaftsunternehmen. Wir müssen gegen die unmenschliche Kraft kämpfen, die es auf die Zerstörung der Menschlichkeit selbst abgesehen hat.

Die Erfolge der ukrainischen Streitkräfte; die Willenskraft des ukrainischen Volkes; die grundsätzliche Natur der internationalen Sanktionen – das bereitet den Weg zum Frieden.

Letzte Nacht haben die Invasoren Mykolajiw unter Feuer genommen. Haben direkt Wohngebiete beschossen, mit Raketen-Artillerie. Sie haben auch Charkiw beschossen, Wohnviertel in einer friedlichen Stadt. Auch andere Städte unseres Landes haben sie unter Beschuss genommen. Militärisch sinnlos. Einfach nur Terror.

Einwohner von Irpin, Butscha, Hostomel und von vielen anderen Städten und Dörfern, die der Eindringling eingenommen hat, werden als Geiseln gehalten. Vorübergehend – bis die Invasoren abgestraft werden. Und das werden sie. Unsere Streitkräfte haben die Fähigkeit dazu. Der Feind ist müde. Demoralisiert. Sie sind in unser Land gekommen in der Erwartung, etwas vorzufinden, das es hier nie gegeben hat: Feigheit, Unterwürfigkeit.

Jedem normalen Menschen ist der Anblick ausgebrannter Häuser zuwider. Es stinkt zum Himmel. Zerstörte Hochhäuser, zerstörte Privatautos. Raketen, Bomben, »Grads«, Mörser – gegen Menschen. Es fühlt sich an, als hätte man es mit Ereignissen in einem anderen Land zu tun. Aber es passiert in unserem Land, hier, nicht irgendwo anders. In unserem Land, das sich immer Frieden gewünscht hat, mehr als irgendetwas sonst.

Wie viele Zerstörungen und getötete Menschen braucht es noch, bis der Himmel über der Ukraine sicher gemacht wird? Wodurch unterscheiden sich Zivilisten in Charkiw oder Mykolajiw von denen in Hamburg oder Wien? Wir warten auf eine Entscheidung – für einen sicheren Luftraum. Entweder mit den Mitteln, die ihr habt, oder ihr gebt uns Jagdflugzeuge und Luftabwehrsysteme, die uns die Macht verleihen, die wir brauchen.

Das ist die Art Unterstützung, die die Welt nicht nur der Ukraine gönnen sollte, sondern auch sich selbst. Um den Beweis liefern zu können, dass die Menschlichkeit siegen wird. Und zwar so bald wie möglich. Die Regierung der Ukraine arbeitet bereits daran, unseren Staat nach dem Sieg wiederherzurichten. Dem Land mehr Kraft zu geben, während wir noch kämpfen. Ein Hilfspaket speziell für Betriebe und Dienstleister ist aufgelegt worden. Einzelinhaber, die einer dieser Gruppen angehören, sind vollständig von der Sozialabgabe befreit. Betriebe und Einzelinhaber aus dem dritten Sektor sind von der Entrichtung der Sozialabgabe für diejenigen Betriebsangehörigen befreit, die zum Dienst in den Streitkräften der Ukraine und in anderen Verteidigungsorganen eingezogen wurden. Insbesondere zu den Truppen der Territorialverteidigung.

Die Befreiung von Grundsteuern und den Erlass von Pachtzahlungen für staatliche und kommunale Grundstücke führen wir überall dort ein, wo Kampfhandlungen stattfinden. All das gilt für die Dauer des Kriegsrechts und nach dessen Ende noch mindestens ein weiteres Jahr. Die Abführung fälliger Steuern wird allen Unternehmen, die nicht zahlungsfähig sind, gestundet.

Und das ist nur der erste Teil eines großen Hilfspakets, der staatlichen Unterstützung. Alle führenden Leute der Zentralregierung haben eine klar definierte Aufgabe: einen systematischen Aktionsplan zu entwickeln, der sicherstellt, dass der Wiederaufbau der Ukraine schnell geht und dass dabei allein die Menschen im Mittelpunkt stehen. Vor allem anderen: die Menschen. Auf dass wir alle zum Frieden zurückkehren, zu unserer normalen Arbeit. Wenn wir unser Land zurückbekommen, unserem Land den Frieden zurückbringen.

Mein Dank gilt allen Firmeninhabern und Managern, die weiterarbeiten und ihre Verantwortung für ihre Arbeitnehmer erfüllen. Den Menschen Löhne und Gehälter zu zahlen – auch wenn die Geschäfte nicht wie früher laufen –, dient dem Schutz der Ukraine. Der Staat erfüllt alle seine Verpflichtungen. Indexgekoppelte Pensionszahlungen sind bereits angelaufen. In den dem Staatshaushalt zugeordneten Bereichen werden die Gehälter bezahlt, so wie es sich gehört.

Ukrainer, wir sind Millionen. Und es gibt Millionen Möglichkeiten, um unsere Zukunft zu kämpfen. Um unseren Staat. Um unsere Freiheit. Um unsere Nationalfahne, blau und gelb. Keine Trikolore. Wir verteidigen unsere Fahne, weil sie für unsere Weltanschauung steht. Unter den Farben Blau und Gelb haben wir Siege bei den Olympischen Spielen errungen. Wir haben diese Fahne sowohl im Weltraum als auch in der Antarktis entrollt. Unter unserer Nationalflagge haben unsere Rettungskräfte, Feuerwehren, Friedenstruppen, Sanitäter und viele andere Hilfseinsätze in der Türkei, in Griechenland, Israel und Georgien geleistet, in Afghanistan und Montenegro, Indien, Italien, dem Kongo und in vielen weiteren Ländern.

Was wir nie getan haben: unter dieser Flagge andere Länder angegriffen, fremdes Territorium besetzt, Menschen getötet – friedfertige Menschen aus anderen Ländern. Wir und der Terror, das sind zwei grundverschiedene Welten.

Aus diesem Grund ist unsere Fahne nicht mit Blut befleckt. Auf ihr finden sich keine schwarzen Flecken, und das wird auch immer so bleiben. Auf ihr finden sich keine Hakenkreuze, und das wird auch immer so bleiben. Friedlich, fruchtbar, golden und ohne Panzer. Das ist unser Himmel. Friedlich, klar, blau und ohne Raketen. So war er, und so wird er wieder sein.

Daran glaube ich. Das weiß ich.

Ruhm der Ukraine!

11

Ich werde hierbleiben

An die Ukrainer,
7. März 2022

Montagabend. Bekanntlich pflegten wir zu sagen: Der Montag ist ein schwerer Tag. Jetzt herrscht Krieg im Land. Somit ist jetzt jeder Tag ein Montag.

Wir haben uns inzwischen daran gewöhnt, dass jeder Tag und jede Nacht schwer sind.

Heute ist der zwölfte – der zwölfte Abend unseres Kampfes, unserer Verteidigung. Wir alle sind im Feld, wir alle sind bei der Arbeit. Jeder ist da, wo er hingehört. Ich bin in Kiew. Mein Team ist bei mir. Die Territorialverteidigung ist im Feld. Die Soldaten halten ihre Stellung. Unsere Helden! Ärzte, Rettungskräfte, Transporteure, Diplomaten, Journalisten …

Wir befinden uns alle im Krieg. Wir leisten alle unseren Beitrag zum Sieg, den wir ganz gewiss erringen werden. Kraft unserer Waffen und unserer Streitkräfte. Kraft unserer Worte und unserer Diplomatie. Kraft unseres Geistes, eines Geistes, den der Erste, der Zweite und jeder von uns hat.

Schaut euch unser Land heute an. Tschaplynka, Melitopol, Tokmak, Novotrojtzke und Cherson, Starobilsk.

Überall haben die Menschen sich verteidigt, obwohl sie dort keine Waffen haben. Aber das sind unsere Leute, und deshalb haben sie Waffen. Sie haben Mut. Würde. Und deshalb die Fähigkeit, hinauszugehen und zu sagen: Hier bin ich, es ist meins, ich werde es nicht aufgeben. Meine Stadt. Meine Gemeinde. Meine Ukraine.

Jeder Ukrainer, jede Ukrainerin, die gegen die Invasoren gestern protestiert haben, heute protestieren und morgen protestieren werden, sind Helden. Wir schreien die Invasoren zusammen mit euch an. Wir stehen mit euch auf den Plätzen und Straßen. Wir trotzen mit euch der Angst, wenn die Invasoren das Feuer eröffnen und uns alle zu vertreiben versuchen. Ihr lasst euch nicht kleinkriegen. Wir lassen uns nicht kleinkriegen.

Und selbst die, die immer wieder ausrufen: »Wir sind ein Volk«, haben sicher nicht mit einer so machtvollen Reaktion gerechnet. Im Süden unseres Landes hat sich eine so beeindruckende Nationalbewegung gebildet, eine so machtvolle Manifestation des Ukrainertums, wie wir sie auf den Straßen und Plätzen dort noch nie erlebt hatten. Das ist für Russland wie ein Albtraum. Die haben vergessen, dass wir keine Angst vor Polizeiwägen und Schlagstöcken haben. Keine Angst vor Panzern und Maschinengewehren. Solange wir das, worauf es ankommt, auf unserer Seite wissen: die Wahrheit. Und das ist der Fall.

Mariupol und Charkiw, Tschernihiw und Sumy, Odessa und Kiew, Mykolajiw, Schytomyr und Korosten, Owrutsch … und viele andere Städte. Wir wissen, dass der Hass, den der Feind mit seinen Granaten und Bomben in unsere Städte getragen hat, nicht bestehen bleibt.

Er wird keinerlei Spuren hinterlassen. Hass hat mit uns nichts zu tun. Daher wird auch der Feind keinerlei Spuren hinterlassen. Wir werden alles wieder aufbauen. Wir werden unsere von den Invasoren zerstörten Städte besser aussehen lassen als jede Stadt in Russland. Enerhodar, Tschernobyl und andere Orte, wo die Barbaren einfach nicht verstehen, WAS sie da erobern wollen. WAS sie kontrollieren wollen. Euer harter Einsatz bei solch kritischen Objekten ist eine wirkliche Heldentat. Das sehen wir und sind aufrichtig dankbar dafür.

Die ukrainischen Streitkräfte halten ihre Stellungen. Gut gemacht! Das fügt dem Feind äußerst schmerzhafte Verluste zu. Verteidigung, Gegenangriffe, wenn nötig, können wir auch Vergeltung üben – zwangsläufig. Für jede Untat. Für jede Rakete und jede Bombe. Für jedes zerstörte zivile Objekt.

Heute haben sie in Makariw, Region Kiew, die Brotfabrik unter Beschuss genommen. Wofür? Die alte Brotfabrik. Denkt darüber nach – die Brotfabrik zu beschießen. Wie muss man drauf sein, um so etwas zu tun? Oder noch eine Kirche zu zerstören – in der Nähe von Schytomyr. Die Kirche der Geburt der Heiligen Jungfrau, erbaut 1862. Das sind KEINE Menschen.

Es gab eine Vereinbarung über humanitäre Korridore. Hat das funktioniert? Was stattdessen funktioniert hat, waren russische Panzer, russische »Grads«, russische Minen. Sie haben selbst die Straße vermint, über die vereinbarungsgemäß Lebensmittel und Medikamente für die Menschen und Kinder in Mariupol geliefert werden sollten. Sie zerstören sogar Busse, die Leute evakuieren sollen. Aber … zugleich öffnen sie einen schmalen Korridor ins besetzte Gebiet. Für ein paar Dutzend Menschen. Nicht wirklich nach Russland, nur bis zu den Propagandisten, direkt vor ihre TV-Kameras. Als wären das ihre Retter. Der reinste Zynismus. Nur Propaganda, nicht mehr. Kein humanitärer Sinn.

Die dritte Verhandlungsrunde in Belarus hat heute stattgefunden. Ich würde gerne sagen: die dritte und letzte. Aber wir sind Realisten. Reden wir also. Wir werden so lange auf Verhandlungen bestehen, bis wir Mittel und Wege haben, unseren Landsleuten zu sagen: Das ist der Weg, auf dem wir den Frieden erlangen. Wir müssen einsehen, dass jeder Tag des Kämpfens, jeder Tag des Widerstands die Bedingungen für uns verbessert. Und eine starke Position für die Sicherung unserer Zukunft verschafft. In Frieden, nach diesem Krieg.

Abgesehen von den Toten und den zerstörten Städten, hinterlässt der Krieg auch vernichtete Zukunftshoffnungen, die einst sehr wichtig zu sein schienen, aber jetzt … Man erwähnt sie gar nicht mehr. Vor fast drei Jahren zogen wir direkt nach der Wahl in dieses Gebäude ein, in dieses Büro, und begannen sogleich mit der Planung unseres Umzugs. Ich träumte davon, aus der Bankova-Straße wegzuziehen, zusammen mit der Regierung und dem Parlament. Das Zentrum von Kiew zu entlasten und generell in ein modernes, transparentes Büro umzuziehen, wie es einem fortschrittlichen demokratischen europäischen Land gut zu Gesicht steht.

Etwas möchte ich betonen: Ich bleibe hier. Ich bleibe in Kiew. In der Bankova. Ich verstecke mich nicht. Und ich habe vor niemandem Angst, wie viel es auch kosten mag, diesen unseren patriotischen Krieg zu gewinnen.

Heute habe ich in einem Dekret angeordnet, 96 ukrainischen Helden hohe staatliche Auszeichnungen zu verleihen – unseren Soldaten.

Eine Auswahl: Der Bohdan-Chmelnyzkyj-Orden
zweiter Klasse wird verliehen an:

Major Oleksandr Oleksandrovych Sak; Kommandeur
des mechanisierten Bataillons, das den Kampf mit der
taktischen Gruppe des Feindes aufnahm und dank einer
rationalen Kampfweise und unorthodoxer Taktiken den
Sieg errang.

Hauptmann Rostyslav Oleksandrovych Sylivakin;
Kommandeur des mechanisierten Bataillons, das mit Erfolg gegen haushoch überlegene feindliche Kräfte kämpfte
und ukrainische Städte und Dörfer im Raum Sumy be-
freite.

Der Bohdan-Chmelnyzkyj-Orden dritter Klasse wird
verliehen an:

Leutnant Ihor Serhiyovych Lozovyi. Als Angehöriger
einer Kampfgruppe stoppte er eine Kolonne feindlicher
Fahrzeuge, die rund 150 Einheiten umfasste und in Richtung der Route Schytomyr-Kiew unterwegs war.

Vernichtet.

Leutnant Vitaliy Viktorovych Poturemets. Er bewies
vorbildlichen Mut und Selbstbeherrschung in der Schlacht
und zerstörte in der Nähe von Kiew einen feindlichen
Nachschubkonvoi. Er wurde verwundet.

Der Orden »Für Tapferkeit« dritter Klasse wird verliehen an:

Oberfeldwebel Valentyn Viktorovych Baryliuk, Kommandeur eines motorisierten Zuges. Dank seines tapferen
Vorgehens und seiner persönlichen Entschlossenheit er-

hielt die Panzereinheit rechtzeitig Treibstoff und konnte sich der Einkesselung entziehen, wobei sie auf ihrem Weg den Feind vernichtete.

Alle 96 unserer Helden gleichen diesen fünf! Unser Dank gilt allen unseren Soldaten. Unser Dank gilt den Streitkräften der Ukraine! Unsere Dankbarkeit ist grenzenlos.

Ruhm der Ukraine!

12

Die Ukraine hat an Größe gewonnen

An das britische Parlament,
8. März 2022

Sechs Tage nach dem Fall von Cherson, der ersten in russische Hände gefallenen ukrainischen Stadt, spricht Präsident Selenskyj vor dem britischen Parlament. An diesem Tag beschleunigen die Russen ihren Vormarsch nach Mykolajiw an der Überlandstraße nach Odessa, der drittgrößten ukrainischen Stadt. Die wegen ihrer Lage am Schwarzen Meer von großer strategischer Bedeutung ist. Die europäischen Mächte und die Vereinigten Staaten weigern sich nach wie vor, eine Flugverbotszone über der Ukraine zu verhängen, die einen Weltkrieg auslösen könnte. Am 8. März erklärt Präsident Selenskyj, er bestehe nicht mehr auf einer NATO-Mitgliedschaft der Ukraine. Die Vereinigten Staaten untersagen alle Öl- und Gasimporte aus Russland. Das britische Innenministerium räumt später, am 30. März, ein, dass es im Rahmen des Programms zur Aufnahme von Flüchtlingen ohne Familie im Vereinigten Königreich nur 2700 und im Rahmen des Programms zur Familienzusammenführung nur 25 000 Visa erteilt hat.

Mister Speaker! Herr Premierminister! Mitglieder der Regierung und des Parlaments. Lords. Meine Damen und Herren!

Ich wende mich an alle Menschen im Vereinigten Königreich. An alle Bürger Großbritanniens. Ein großartiges Volk, mit einer großen Geschichte. Ich wende mich an Sie als Bürger, als Präsident eines ebenfalls großartigen Landes, mit einem großen Traum und einem großen Kampf. Ich möchte Ihnen von unseren dreizehn Tagen erzählen. Dreizehn Tage eines brutalen Krieges, den wir nicht angefangen haben und den wir nicht wollten.

Aber wir führen ihn. Weil wir nicht verlieren wollen, was wir haben und was uns zusteht: die Ukraine. Genau so, wie Sie Ihre Insel nicht verlieren wollten, als die Nazis sich anschickten, den Kampf um Großbritannien zu eröffnen.

Am ersten Tag wurden um vier Uhr in der Früh Cruise Missiles auf uns gefeuert. Wodurch alle geweckt wurden – wir, die Kinder, wir alle. Lebende Menschen. Seitdem haben wir nicht mehr geschlafen. Wir alle bewaffneten uns, und wir wurden zu einer großen Streitmacht.

Am nächsten Tag wehrten wir Angriffe aus der Luft, am Boden und von See her ab. Unsere heldenhaften Grenztruppen auf der Schlangeninsel im Schwarzen Meer ließen die Welt wissen, was dem Feind am Ende dieses Krieges blühen würde. Als ein russisches Kriegsschiff unsere Jungs aufforderte, die Waffen niederzulegen, gaben sie eine so derbe Antwort, dass ich sie in diesem Parlament nicht zitieren kann. Und wir spürten die Macht – die große Macht unserer Leute, die die Invasoren bis zum Ende verfolgen werden.[*]

Am dritten Tag feuerten russische Truppen ungeniert auf Personen und Wohngebäude, unter Einsatz von Artillerie und Bomben. Das zeigte uns – und der Welt – zu guter Letzt, wer hier wer ist. Wer die Guten sind und wer die Barbaren.

Am vierten Tag, als wir schon Dutzende Gefangene gemacht hatten, haben wir dennoch nicht unsere Würde verloren. Wir haben sie nicht misshandelt. Wir behandeln sie wie Menschen. Weil wir auch am vierten Tag dieses schändlichen Krieges menschlich geblieben sind.

Am fünften Tag wurde der Terror gegen uns unübersehbar. Terror gegen Städte, gegen Kleinstädte. Zertrümmerte Stadtviertel. Bomben, Bomben, Bomben, immer wieder Bomben auf Wohngebäude, auf Schulen, auf Krankenhäuser. Das ist Genozid. Aber es hat uns nicht umgeworfen. Es hat vielmehr uns alle in Bewegung gesetzt. Und hat uns ein Gefühl großer Wahrheit gegeben.

Am sechsten Tag schlugen russische Raketen in Babyn Jar ein. Das ist der Ort, an dem die Nazis im Zweiten Weltkrieg 100 000 Menschen ermordeten. Achtzig Jahre später ermordete Russland sie ein zweites Mal.

Am siebten Tag mussten wir erkennen, dass sie sogar

---

[*] Am 25. Februar 2022 wurden dreizehn Grenzschutzbeamte auf der in der Oblast Odessa am Schwarzen Meer gelegenen Insel Smijiny (auch Schlangeninsel genannt) von russischen See- und Luftstreitkräften angegriffen. Als ein russisches Schiff sie per Funk zur Kapitulation aufforderte, antworteten sie: »Russisches Kriegsschiff: Verpiss dich!« Sie wurden danach Opfer einer Bombardierung.

die Kirchen zerstören. Mit Bomben! Und wieder Raketen. Sie wissen nichts von den heiligen und großen Dingen, so wie wir.

Am achten Tag sah die Welt russische Panzer, die auf ein Atomkraftwerk feuerten. Auf das größte in Europa. Und die Welt begann zu verstehen, dass es sich hier um Terror gegen alle und jeden handelt. Um großen Terror.

Am neunten Tag waren wir Zuhörer einer Sitzung von NATO-Ländern – die ohne das von uns gewünschte Ergebnis blieb. Ohne Mut. So empfanden wir es – ich möchte niemanden kränken. Wir bekamen das Gefühl, dass Allianzen nicht funktionieren. Sie können nicht einmal den Luftraum sperren. Deshalb müssten die Sicherheitsgarantien in Europa von Grund auf neu strukturiert werden.

Am zehnten Tag protestierten unbewaffnete Ukrainer überall in den besetzten Städten. Wobei sie gepanzerte Fahrzeuge mit bloßen Händen stoppten. Wir sind unerschütterlich geworden.

Am elften Tag, als bereits Bomben auf Wohnviertel fielen, als alles durch Explosionen zerstört wurde, als aus einer beschossenen Kinderkrebsklinik Kinder evakuiert wurden, wurde uns klar: Ukrainer werden zu Helden. Hunderttausende. Ganze Städte. Kinder, Erwachsene – alle.

Am zwölften Tag schöpften wir aus der Tatsache, dass die russischen Streitkräfte bereits mehr als 10 000 Gefallene zu verzeichnen hatten (darunter ein General), die Zuversicht, dass für alle Verbrechen, für alle schändlichen Befehle doch noch jemand zur Verantwortung gezogen wird, sei es vor dem Internationalen Gerichtshof oder durch ukrainische Waffen.

Am dreizehnten Tag ist im russisch besetzten Mariupol ein Kind gestorben. Gestorben wegen Dehydrierung. Sie lassen nicht zu, dass die Menschen mit Nahrung oder Wasser versorgt werden. Sie haben einfach alles abgestellt – und die Menschen sitzen in ihren Kellern. Ich denke, jeder kann erkennen: Die Menschen dort haben kein Trinkwasser mehr!

Im Verlauf von dreizehn Tagen seit Beginn der russischen Invasion wurden fünfzig Kinder getötet. Fünfzig Märtyrer. Das ist furchtbar! Das ist Leere. Fünfzig Universen, die ein Leben vor sich hatten, wurden ausgelöscht. Sie haben sie uns einfach genommen.

Großbritannien! Die Ukraine hat das nicht angestrebt. Sie hat nicht nach Größe gegiert. Aber sie hat Größe bewiesen in den Tagen dieses Krieges. Eine Ukraine, die Menschen rettet, dem Terror der Invasoren zum Trotz. Die die Freiheit verteidigt, dem Ansturm einer der größten Armeen der Welt trotzend. Die sich verteidigt, trotz eines offenen Himmels, der immer noch russischen Raketen, Flugzeugen, Hubschraubern offen steht.

»Sein oder Nichtsein?« Sie sind mit dieser shakespeareschen Frage vertraut. Vor dreizehn Tagen konnte man diese Frage noch mit Bezug auf die Ukraine stellen. Heute nicht mehr. Kein Zweifel, die Ukraine wird sein. Kein Zweifel, sie wird frei sein. Wenn nicht hier, wo sonst sollte ich an die Worte erinnern, die Großbritannien schon gehört hat? Und die wieder relevant geworden sind?

Wir werden nicht aufgeben und nicht verlieren! Wir werden den Weg bis ans Ende gehen. Wir werden kämpfen zur See, werden kämpfen in der Luft, werden unser Land verteidigen, zu welchem Preis auch immer.

Wir werden in den Wäldern kämpfen, auf den Feldern, auf den Stränden, in den Städten und Dörfern, in den Straßen; wir werden in den Bergen kämpfen … Und wir werden, wie ich hinzufügen möchte, auf den Abraumhalden kämpfen, an den Ufern des Kalmius* und des Dnjepr! Wir werden nicht kapitulieren!

Mit Ihrer Hilfe natürlich, mit Hilfe der Zivilisation großer Länder. Mit Ihrer Unterstützung, für die wir dankbar sind und auf die wir vertrauen. Und mein besonderer Dank gilt dir, Boris, mein Freund!

Verschärfen Sie die Sanktionen gegen den terroristischen Staat. Brandmarken Sie ihn endlich als terroristischen Staat. Finden Sie einen Weg, den Himmel über der Ukraine sicher zu machen. Tun Sie, was Sie können. Tun Sie, was Sie tun müssen. Tun Sie, wozu die Größe Ihres Staates und Ihres Volkes Sie verpflichtet.

Ruhm der großen Ukraine! Ruhm dem Vereinigten Königreich!

---

* Der Kalmius ist einer der beiden Flüsse, die Mariupol durchqueren; der Dnjepr durchquert einen Teil Osteuropas, insbesondere die Ukraine, von wo aus er ins Schwarze Meer mündet.

13

Wir müssen den Westmächten
die Zuversicht wiedergeben

An die Ukrainer,
9. März 2022

Die Ukraine gibt den Tod von 1207 Zivilisten bei der Be-
lagerung Mariupols sowie die Bombardierung einer Geburts-
klinik und eines Kinderkrankenhauses in derselben Stadt
bekannt. Neue humanitäre Korridore wurden eröffnet, dar-
unter in Sumy, Irpin und Kiew. Die internationale Gemein-
schaft befürchtet den Einsatz unkonventioneller und verbo-
tener chemischer oder biologischer Waffen durch Russland,
der katastrophale Folgen für die Zivilbevölkerung haben
könnte. Russland räumt endlich die Anwesenheit russischer
Wehrpflichtiger in der Ukraine ein.

Europäer! Ukrainer! Einwohner Mariupols!

Heute ist der Tag, der alles entscheidet. Der darüber
entscheidet, wer auf wessen Seite steht. Russische Bomben
schlugen in ein Krankenhaus und eine Geburtsklinik in
Mariupol ein. Ein Kinderkrankenhaus. Eine in Betrieb
befindliche Geburtsklinik. Gebäude sind zerstört. Zum
jetzigen Zeitpunkt zählen wir siebzehn Verwundete. Das
Wegräumen der Trümmer ist noch im Gang. Die Men-

schen waren rechtzeitig vor der aus der Luft drohenden Gefahr in Deckung gegangen. Vor 500-Kilo-Bomben, die die Invasoren auf ukrainische Städte abgeworfen haben. Wie schon viele Male.

Ein Kinderkrankenhaus. Eine Geburtsklinik. Welche Bedrohung für die Russische Föderation ist von ihnen ausgegangen? Was für ein Land ist das, die Russische Föderation, das sich vor Krankenhäusern und Geburtskliniken fürchtet und sie zerstört? Haben sie dort kleine Banderisten* gesichtet? Oder schwangere Frauen, die sich anschickten, Raketen auf Rostow zu feuern? War in der Geburtsklinik jemand wegen seiner russischen Muttersprache misshandelt worden? War das die Entnazifizierung des Krankenhauses?

Alles, was die Invasoren der Stadt Mariupol antun, ist bereits jenseits von Kriegsgräueln. Europäer! Ukrainer! Einwohner von Mariupol! Heute müssen wir alle gemeinsam dieses Kriegsverbrechen der Russen verurteilen, das die ganze Bösartigkeit widerspiegelt, mit der die Invasoren unser Land überziehen. All die zerstörten Städte. All das, was sie mit Wolnowacha, Charkiw, Isjum, Ochtyrka, Tschernihiw, Borodjanka, Hostomel, Schytomyr und Dutzenden anderen ukrainischen Städten gemacht haben, die nie irgendeine Bedrohung für die Russische Föderation waren.

---

* Der meist pejorativ verwendete Ausdruck »Banderisten« bezieht sich auf rechtsextreme Organisationen in der Ukraine. Stepan Bandera (1909–1959) war ein nationalistischer ukrainischer Politiker, der für seine Zusammenarbeit mit den deutschen Nationalsozialisten bekannt ist.

Zerstörte Krankenhäuser. Zerstörte Schulen, Kirchen, Wohnhäuser. Und all die getöteten Menschen. All die getöteten Kinder. Die Bomben auf die Geburtsklinik sind der finale Beweis dafür, dass der Genozid an den Ukrainern begonnen hat.

Europäer! Ihr werdet nicht sagen können, ihr hättet nicht gesehen, was den Ukrainern angetan wird, was den Einwohnern Mariupols angetan wurde. Ihr habt zugeschaut. Ihr wisst Bescheid. Deshalb müsst ihr die Sanktionen gegen Russland verschärfen, damit es nicht mehr in der Lage ist, mit diesem Genozid fortzufahren. Ihr müsst Druck auf Russland ausüben, um es zu zwingen, sich an den Verhandlungstisch zu setzen und diesen brutalen Krieg zu beenden.

Moskau weiß natürlich, dass Mariupol zugleich auch die Oblast Donezk ist*. Wir haben von Russland so viel über die Bewohner der Oblast Donezk gehört. So viele Vorwürfe, so viele Forderungen … Und jetzt sehen wir, wie Russland die Bewohner dieser Oblast tatsächlich behandelt – einfache Menschen, die in den Häusern Mariupols wohnen und in den Betrieben der Stadt arbeiten, in den Kliniken Mariupols behandelt werden und Kinder zur Welt bringen. Stellt euch vor, Menschen wie ihr würden in den Geburtskliniken Mariupols Kinder gebären.

Wir haben niemals irgendeinem unserer Bürger in Do-

---

* Die Oblast Donezk in der Ostukraine erklärte sich am 7. April 2014 zur unabhängigen Volksrepublik Donezk und wurde als solche am 21. Februar 2022 von Russland als unabhängiger Staat anerkannt.

nezk, Luhansk oder einer anderen Region unseres Landes etwas getan, das an dieses Kriegsverbrechen heranreicht. Und wir würden das nie tun, keiner Stadt der Welt würden wir so etwas antun. Weil wir Menschen sind. Und ihr?

Ich habe heute mit dem Präsidenten des Europäischen Rates, Charles Michel, und mit der Präsidentin der Europäischen Kommission, Ursula von der Leyen, gesprochen. Geredet und Vereinbarungen getroffen haben wir auch mit der Sprecherin des US-amerikanischen Repräsentantenhauses, Nancy Pelosi, und mit dem Premierminister des Vereinigten Königreichs, Boris Johnson. Danke für deine Unterstützung, Boris.

Die Partner sind voll und ganz darüber informiert, was in unserem Mariupol vor sich geht. Wie auch über die Lage in allen anderen Regionen der Ukraine, in denen weiterhin Kampfhandlungen stattfinden. Wir arbeiten daran, Russland die Folgen seines Handelns spüren zu lassen. Wir tun alles, um endlich den Himmel über der Ukraine sicher zu machen. Ich bin der großen Mehrheit der Ukrainer dankbar, dass sie diese Position gutheißt. Denen, die Unterschriften sammeln, die Überzeugungsarbeit bei ihren Freunden und Bekannten im Westen leisten, sich in den sozialen Medien äußern, Kundgebungen organisieren.

Gemeinsam müssen wir den politischen Führern des Westens immer wieder Mut machen. Damit sie endlich das tun, was sie schon am ersten Tag der Invasion hätten tun müssen: entweder den Himmel über der Ukraine vor russischen Raketen und Bomben schützen oder uns Kampfjets geben, damit wir das alles aus eigener Kraft machen können. Jede Denkpause, die ohne eine Entscheidung vergeht, ist einfach nur tödlich.

Heute ist es uns gelungen, drei humanitäre Korridore einzurichten. Aus der Stadt Sumy, aus den Städten der Region um Kiew und aus Enerhodar. Insgesamt wurden rund 35 000 Personen gerettet. Wir werden morgen weitermachen. Wir bereiten sechs Korridore vor. Wir beten darum, dass Menschen aus Mariupol, Isjum, Wolnowacha usw. herauskommen und wir sie in sichere Städte unserer freien Ukraine bringen können. Ich bin sicher, alle Ukrainer, deren Hilfe diese Menschen benötigen, werden ihr Möglichstes tun, sie unsere Anteilnahme und Fürsorge spüren zu lassen. Bis sie nach Hause zurückkehren können.

Und zu guter Letzt: Jedes Jahr am 9. März werden die Gewinner des Schewtschenko-Preises bekannt gegeben,* unseres nationalen Verdienstordens für den bedeutendsten Beitrag zur Bewahrung und Weiterentwicklung des ukrainischen Geistes, unserer nationalen Kultur. Nach meiner Überzeugung müssen unsere Traditionen ungeachtet des geltenden Kriegsrechts und des heftigen Kampfes um unsere Freiheit weitergeführt werden. Wir dürfen ihnen nicht untreu werden, sondern müssen alles, was zu uns gehört, alles Ukrainische, vollständig bewahren, während wir auf den Sieg zusteuern. Während wir auf den Frieden zusteuern.

* Der Schewtschenko-Nationalpreis, benannt zu Ehren des ukrainischen Nationaldichters Taras Schewtschenko (1814–1861), wird jedes Jahr an einen Schriftsteller ukrainischer Sprache verliehen.

Das Dekret ist unterzeichnet. Jetzt freue ich mich darauf, die Gewinner zu treffen. Aber erst nach dem Sieg. Dem Sieg der Ukraine.

Ruhm der Ukraine!

14

An die russischen Mütter

An die Ukrainer,
12. März 2022

Während die Vereinten Nationen 564 tote Zivilisten melden,
darunter 71 Kinder, und berichten, sowohl Kiew als auch
Tschernihiw seien von den Russen eingekesselt, findet in der
Türkei ein Treffen zwischen dem russischen und dem ukrai-
nischen Außenminister statt. Nach Angaben der ukraini-
schen Streitkräfte sind drei russische Generäle getötet und
31 taktische Bataillone außer Gefecht gesetzt worden. Die
Einwohner des russisch besetzten Melitopol demonstrieren
gegen die Inhaftierung ihres Bürgermeisters. In Russland wer-
den Proteste gegen den Krieg massiv unterdrückt und soziale
Netzwerke von den Behörden blockiert. Russischen Medien
ist es unter Androhung strafrechtlicher Verfolgung untersagt,
das Wort »Krieg« zu verwenden.

An die starken Menschen aus dem Stahl-Land!

Hier ist die Antwort der Militärs auf die Frage des
Oberbefehlshabers im Kreml, wer oder was sie daran ge-
hindert habe, die Ukraine innerhalb von vier Tagen zu
erobern: Starke Menschen aus dem Stahl-Land.

Diese Information ist unverifiziert, aber die Tatsache

ist unbestreitbar. Und wenn die verirrten Invasoren ihr Scheitern mit etwas anderem begründen, bedeutet das, dass sie im Verlauf der bislang sechzehn Kriegstage nicht das Geringste verstanden haben.

Nun ja, nehmt es nicht so schwer. Wir sind bereit, es zu erklären. Die Invasoren aufzuklären, bis sie begreifen, wer sie sind und wohin sie marschieren sollten. Nämlich hinaus aus der Ukraine.

Heute haben die Invasoren in Melitopol den Bürgermeister der Stadt, Iwan Fedorow, inhaftiert. Einen Bürgermeister, der die Ukraine und die Bürger seiner Stadt mutig verteidigt. Das ist ein offensichtliches Zeichen für die Schwäche der Invasoren. Sie haben keinen Rückhalt in unserem Land gefunden, obwohl sie darauf zählten. Jahrelang haben sie sich vorgemacht, die Menschen in der Ukraine warteten auf die Ankunft der Russen. Allein, sie konnten keine Kollaborateure finden, die ihre Stadt und ihre Machtbefugnisse den Invasoren übertragen hätten.

Deshalb haben sie auf eine neue Stufe des Terrors umgeschaltet: Sie versuchen jetzt, Vertreter der legitimen ukrainischen Behörden physisch auszuschalten. In jedem demokratischen Staatswesen der Welt ist klar, dass ein ordnungsgemäß gewählter Bürgermeister ein wahrhafter Repräsentant der Bevölkerung ist. Ein Bürgermeister hat in der Regel nichts mit Ideologie am Hut, nichts mit großer Politik, aber viel mit dem Leben der Bewohner seiner Gemeinde. Zweifellos hat sich Russland in Jahren autokratischer Herrschaft an einen Zustand gewöhnt: dass ein Bürgermeister nur eine Art Geschäftsführer ist, den man leicht absetzen könnte, ohne dass das Folgen hätte. Aber das hier ist die Ukraine. Das hier ist Europa. Das hier ist eine demokratische Welt.

Deshalb ist die Festnahme des Bürgermeisters von Melitopol ein Verbrechen nicht nur gegen eine bestimmte Person. Nicht nur gegen eine bestimmte Gemeinde. Und nicht nur gegen die Ukraine. Es ist ein Verbrechen gegen die Demokratie als solche. Ich versichere euch, hundert Prozent aller Menschen in allen Demokratien dieser Welt wissen dies. Man wird das Vorgehen der russischen Invasoren einmal in einem Atemzug mit dem Vorgehen der ISIS-Terroristen nennen. Das ganze Land hat gesehen, dass Melitopol sich den Invasoren nicht ergeben hat, genauso wenig wie Cherson, Berdjansk und andere Städte, in die russische Truppen einmarschiert sind. Zeitweilig einmarschiert sind.

Daran wird auch das Ausüben von Druck auf Bürgermeister oder die Entführung von Bürgermeistern NICHTS ändern. Es kann nur schlimmer werden – für die Invasoren. Die Ukraine fordert die sofortige Freilassung des Bürgermeisters von Melitopol und verbindliche Sicherheitsgarantien für alle Gemeindeoberhäupter im Land. Wenn ihr euch zu einem Pendant der ISIS-Terroristen entwickelt, welchen Sinn hat es da überhaupt noch, mit euch über irgendetwas zu verhandeln?

Wir werden dieses Thema ansprechen, unter anderem in Gesprächen mit internationalen Vermittlern, die mit Moskau reden. Russische Truppen haben heute auch die meisten humanitären Korridore sabotiert. Dennoch konnten 7144 Personen gerettet werden, aus Enerhodar, Butscha, Hostomel und Kosarowytschi. Das sind 7144 Gründe, um uns weiterhin um die Evakuierung von Ukrainern aus den belagerten Städten zu bemühen, morgen und übermorgen.

Das werden wir tun. Wir werden alles unternehmen, um ukrainischen Städten humanitäre Hilfe zu bringen. Was mich zu sagen schmerzt, ist, dass Mariupol durch den Feind abgeriegelt bleibt. Die russischen Truppen haben unsere Helfer nicht in die Stadt gelassen und quälen nach wie vor unsere Leute dort, unsere Landsleute. Wir werden es morgen erneut versuchen, werden erneut Essen, Trinkwasser und Medikamente für unsere Stadt auf den Weg bringen. Ich bin mir sicher, dass die Streitkräfte der Ukraine eine Antwort auf jede Minute des Leidens unserer Menschen geben werden. Und das ist nicht pathetisch und auch keine Drohung. Es ist eine Beschreibung der Realität. Die Zahl der auf dem Staatsgebiet der Ukraine getöteten russischen Soldaten ist bereits auf über 12 000 gestiegen! Um ein Vielfaches größer ist die Zahl verwundeter Invasoren. Wir haben keinen von ihnen hierhergebeten. Und wir wiederholen es für jeden Einzelnen von ihnen: Du kannst dich noch retten. Jederzeit. Lege einfach deine Waffe nieder und geh nach Hause, verlasse unser Land. Die Zahl der von uns gefangen genommenen Eindringlinge hat bereits eine solche Größenordnung erreicht, dass wir den Umgang mit ihnen nicht mehr den Strukturen überlassen können, die wir vor dem Krieg hatten. Deshalb hat das Ministerialkabinett der Ukraine heute das Koordinierungshauptquartier für die Behandlung von Kriegsgefangenen gegründet. Tausende feindliche Soldaten, die wir gefangen genommen haben, erhalten von unserem Staat die durch internationale Konventionen vorgeschriebene Behandlung. Es sind jedoch inzwischen so viele, dass es einer besonderen organisatorischen Struktur bedarf, um allen damit einhergehenden Belangen gerecht zu werden.

Ich möchte noch einmal diese Botschaft an russische Mütter senden, insbesondere an Mütter von Wehrpflichtigen: Schickt eure Kinder nicht in einen Krieg im Ausland. Glaubt nicht den Beteuerungen, sie würden nur für ein Manöver irgendwohin geschickt oder nur außerhalb von Kampfzonen eingesetzt. Findet heraus, wo sich eure Söhne befinden. Und wenn ihr auch nur den leisesten Verdacht habt, dass eure Söhne in diesen Krieg gegen die Ukraine geschickt worden sind, unternehmt sofort etwas. Überlasst eure Söhne nicht dem Tod oder der Gefangenschaft.

Die Ukraine hat diesen schrecklichen Krieg nie gewollt. Und will ihn auch jetzt nicht. Aber sie wird sich im Rahmen des Notwendigen verteidigen.

Zum Glück sind wir in diesem Kampf nicht allein. Wir Ukrainer haben echte Freunde. Gute Partner. In meiner heutigen Ansprache an das polnische Parlament habe ich mich mit besonderem Nachdruck dazu geäußert, wie wichtig es in der Welt von heute ist, nicht allein zu sein. Wie wichtig es ist, für gemeinsame Werte einzutreten und daraus folgend zu spüren, dass die Grenzen zwischen den Völkern sich verwischen. Dass die Völker einander näherkommen. Wie zu sehen an unserem Verhältnis zu den polnischen Brüdern und Schwestern. Und ebenso an unserem Verhältnis zu allen unseren echten Partnern. Weil derjenige, der Freunde hat, alles schaffen kann.

Ich habe Gespräche mit US-Präsident Biden geführt. Wir haben uns darüber verständigt, mit welchen weiteren

Mitteln wir Druck auf Russland ausüben können, diesen Krieg zu beenden und den Frieden zu gewinnen. Russland wird der Möglichkeit beraubt, normalen wirtschaftlichen Austausch mit den G7-Staaten zu treiben. Je weniger Dollar russische Unternehmen verdienen und je weniger Steuern der russische Staat einnimmt, desto schwerer wird es für die russischen Streitkräfte werden, unsere Leute umzubringen.

Bedeutende internationale Unternehmen haben schon begonnen, sich vom russischen Markt zu verabschieden. Die russische Regierung hat dadurch, dass sie gegen uns Krieg führt, dass sie diese Invasion gestartet hat, ihr Land aus der Weltwirtschaft ausgeschlossen. Das ist Selbstisolierung. Selbsterniedrigung. Selbstzerstörung.

In den Moskauer Wechselstuben hat der Dollar bereits die Marke von 200 Rubel erreicht. Und das ist erst der Anfang, der Auftakt internationaler Sanktionen. Der nächste Schritt wird sein, dass die USA den Transfer von US-Dollars nach Russland verbieten. Das wird einen Devisenmangel zur Folge haben. Der Wechselkurs wird daher weiter steigen. Und infolgedessen werden in Russland die Preise steigen. Jeder Bürger Russlands wird zu spüren bekommen, dass der Wegfall des Friedens für ihn selbst bedrohlich ist. Kein einziges Land auf der Welt wünscht sich, dass die einfachen Menschen in Russland zu Schaden kommen. Niemand hat versucht, euch Schaden zuzufügen, bis eure Regierung einen Krieg gegen Nachbarn vom Zaun gebrochen hat, gegen ein friedfertiges Volk. Einen Vernichtungskrieg.

Niemand wollte, dass das Leben einfacher russischer Bürger wieder so wird wie in den »bösen 1990er-Jahren«.

So nennt ihr doch diese Zeit, oder nicht? Eine Zeit der Verwerfungen und der Armut. Eine Zeit der sehr begrenzten Lebenschancen für gewöhnliche Leute und einer eklatanten Ungleichheit. Es mag sein, dass durch das Wirken von Propagandisten die meisten Russen im Moment noch nicht erkennen, was ihnen bevorsteht. Die russische Obrigkeit hingegen hat das SCHON JETZT voll verstanden – voll und ganz. Und hat Fracksausen. Deshalb bemüht sie sich, alle freien Informationsquellen zu verstopfen, ja im Grunde alle Informationsquellen. Sogar Instagram und Facebook.

Die moderne Welt hat jedoch gelernt, mit Zensur umzugehen. Mein Ratschlag an die denkenden Russen lautet: Sucht nach Mitteln und Wegen, euch wahrheitsgemäße Information zu verschaffen. Und verbergt eure Smartphones und Computer vor den Sicherheitskräften, die auf den Straßen unterwegs sind. Die sind darauf gepolt, eure Handys auszuforschen. Sie wollen wissen, was ihr auf eurem Laptop habt. Ich warne euch ganz konkret: Lernt, euch der Repression zu widersetzen, deren Verschärfung eure Regierung plant. Denkende Menschen sollte es in jedem Land geben. Auch in Russland. Und es gibt sie in Russland.

Und noch etwas: Die guten Nachrichten und die Siege der Ukraine sind für uns alle Gold wert. Oder Silber und Bronze. Das alles – für die Ukraine – haben unsere Paralympioniken in Peking errungen.

Heute ernten alle Ruhm für die Ukraine. Jeder und jede an seinem oder ihrem Wirkungsort. Wir zeigen der Welt, wer die Ukrainer sind und welche Kräfte wir besitzen. Mit einer Waffe in der Hand auf dem Schlachtfeld oder mit einem Sportgewehr auf der Biathlonstrecke. Unsere Jungen und Mädchen haben bei den Paralympischen Winterspielen schon 25 Medaillen gewonnen! Sie belegen den zweiten Platz in der Nationenwertung, übertroffen nur von der Gastgebernation China. Die Spiele werden in zwei Tagen zu Ende sein. Sehr gerne würde ich dasselbe über den Krieg sagen: dass er in zwei Tagen vorbei sein wird. Leider ist das derzeit unrealistisch. Aber es wird mit Sicherheit so kommen. Sowohl ein Sieg für die Ukraine als auch ein Frieden für die Ukraine sind erreichbar. Und sie werden kostbarer für uns sein als das Gold, das Silber und die Bronze der ganzen Welt.

Also, das Gebot der Stunde lautet: Haltet die Stellung! Haltet aus! Wir werden siegen!

Ruhm der Ukraine!

15

Hörst du zu, Moskau?

An die Ukrainer,
12. März 2022
(wenige Stunden nach der vorherigen Ansprache)

Tapfere Bewohner der unbesetzten Landesteile!

Vom frühen Morgen an haben sich im ukrainischen – für alle Zukunft ukrainischen! – Melitopol Menschen, unsere Bürger, zu einer der regelmäßig stattfindenden Protestaktionen gegen die russischen Truppen versammelt. Gegen den Versuch, ihre Stadt in die Knie zu zwingen. Mehr als zweitausend Menschen auf dem Platz.

Hörst du zu, Moskau? Wenn 2000 Menschen in Melitopol gegen die Besatzung protestieren, wie viele müssten dann erst in Moskau gegen den Krieg protestieren? Zum fairen Ausgleich? Gestern haben die Invasoren den Bürgermeister von Melitopol, Iwan Fedorow, als Geisel genommen. Die Stadtgemeinschaft fordert seine Freilassung. Und das ist sehr wichtig. Ich bin jedem Bürger von Melitopol dankbar für diesen Widerstand, für diese Haltung. Den Invasoren muss demonstriert werden, dass sie Fremde in unserem Land sind, in unserem ganzen Land, und dass unsere Menschen sie niemals akzeptieren werden.

Die Nacht hindurch und am heutigen Tag sprechen wir ständig mit unseren Partnern über das Schicksal unseres Bürgermeisters. Unsere Forderung ist einfach: Er muss unverzüglich aus der Haft entlassen werden. Wir appellieren an alle Staatsmänner der Welt, die mit Moskau sprechen, an Frankreich, Deutschland, Israel und andere. Ich habe persönlich Bundeskanzler Olaf Scholz angerufen. Ich habe mit dem französischen Präsidenten Emmanuel Macron geredet.

Ich werde mit jedem und jeder sprechen, um die Freiheit unseres Volkes zu bewahren. Wir erwarten von ihnen, den Führern der Welt, zu zeigen, wie sie den Gang der Dinge beeinflussen können. Wie sie etwas Einfaches bewirken können, für eine Einzelperson. Eine Person, die die gesamte Stadtgesellschaft von Melitopol repräsentiert – Ukrainer, die nicht klein beigeben.

Unsere Streitkräfte tun alles, um dem Feind die Lust daran zu verderben, den Krieg gegen die Ukraine weiterzuführen. Die Verluste der russischen Truppen sind enorm. An diesem siebzehnten Tag des Krieges haben sie eine solche Dynamik erreicht, dass man sagen kann: Das ist der schwerste Schlag, den die russischen Streitkräfte seit Jahrzehnten eingesteckt haben. Noch nie haben sie in so kurzer Zeit größere Verluste erlitten. Seit Beginn der Invasion haben 31 Bataillone ihre Kampffähigkeit eingebüßt. Russische Soldaten werden nicht einzeln gefangen genommen, sondern gleich in Gruppen. Einige versuchen auch gruppenweise, sich aus der Ukraine zu verabschieden und nach Russland zurückzukehren. Die Verluste der Invasoren an technischem Gerät sind schlicht atemberaubend: Mehr als 360 Panzer und 1205 gepanzerte Fahrzeuge, und das ohne die Verluste, die bei den Kämpfen letzte Nacht und an diesem Vormittag noch angefallen sind. Schon nahezu sechzig Flugzeuge, mehr als achtzig Helikopter. Hunderte und Aberhunderte anderer Ausrüstungsteile, darunter solche neuester Bauart, auf die Russland so stolz ist. Die meisten Armeen der Welt haben nicht derart viel Ausrüstung, wie die russischen Truppen seit Beginn ihres Angriffskrieges schon verloren haben

Ukrainer, ich möchte, dass ihr mich richtig versteht. Wir haben außerordentlich erfolgreich agiert. Der Widerstand der gesamten ukrainischen Bevölkerung gegen diese Eindringlinge ist schon jetzt ein Kapitel für die Geschichtsbücher. Aber das gibt uns nicht das Recht, in unseren Verteidigungsanstrengungen nachzulassen. Gleich, wie schwer es ist, wir haben keinen Grund, in unserer Widerstandskraft nachzulassen. Der Feind verfrachtet immer neue Marschkolonnen auf unser Staatsgebiet. Sie suchen überall nach Kämpfern. Reservisten. Wehrpflichtigen. Söldnern. Sie versuchen, uns mit zahlenmäßiger Überlegenheit zu bewältigen, mit der schieren Zahl der Soldaten und einer Übermacht an Bewaffnung. Sie greifen zu Mitteln des Terrors, um unseren Glauben an den Sieg und an die Ukraine zu brechen. Ich bin sicher, das wird ihnen nicht gelingen. Es wird nicht funktionieren. Aber damit sie nicht damit durchkommen, müssen wir weiterkämpfen. Wir müssen nach wie vor konzentriert bleiben. Wir alle – alle Ukrainer – müssen uns weiterhin auf die Verteidigung konzentrieren. Müssen zusammenarbeiten, ohne innere Spaltung. Müssen einander unterstützen – im ganzen Land. Von Uschhorod bis Melitopol, von Tschernihiw bis Mariupol, von Lwiw bis

Charkiw. So wie wir das an den bisherigen siebzehn Kriegstagen gemacht haben.

Heute haben wir erneut humanitäre Hilfe nach Mariupol geschickt. Wir werden jeden Tag weiter daran arbeiten, unsere Leute dort zu retten. Mein Dank gilt jedem Fahrer, der sich bemüht, diese schwierige Mission zu erfüllen. Dank auch an die Kirchenvertreter, die sich an den Bemühungen beteiligt haben, die humanitären Korridore aus Mariupol vor Granateneinschlägen zu bewahren. Ukrainische Truppen tragen das ihrige dazu bei, indem sie für »vollkommene Ruhe«* entlang der gesamten Route sorgen, damit Mariupol Lebensmittel, Wasser und Medikamente bekommt. Und damit die Zivilisten von Mariupol sichere Gefilde erreichen können.

Humanitäre Korridore sind auch in vielen anderen unserer Städte eingerichtet worden: Makariw, Borodjanka, Trostjanez, Sumy, Poltawa, Lebedyn, Konotop, Welyka Pyssariwka, Krasnopillja, Polohy, Tokmak, Hostomel, Kosarowytschi, Mykulytschi und Andrijiwka bei Kiew. Die russische Seite muss »Ruhe« entlang aller dieser Korridorrouten gewährleisten. Wenn sie das nicht tut, welche glaubhaften Garantien kann Russland dann in Verhandlungen überhaupt geben?

Mit den Europäern kooperieren wir weiterhin in zwei Richtungen. Das Erste ist die Aufnahme der Ukraine in die Europäische Union. Wir erarbeiten zusammen mit der Europäischen Kommission ein Verfahren zur einvernehmlichen und baldmöglichsten Erledigung aller Ver-

---

* Im Militärjargon bezeichnet der Begriff eine Unterbrechung der Kampfhandlungen.

fahrensschritte auf unserem Weg in die EU. Den zweiten Schwerpunkt bilden die Sanktionen, sie haben oberste Priorität. Wir freuen uns auf ein neues Paket europäischer Sanktionen gegen Russland, um es zum Frieden zu zwingen. Eines muss klar sein: Die russische Wirtschaft wird diesen Krieg schlicht und ergreifend nicht überleben.

Das Ministerkabinett der Ukraine hat mehrere wichtige Beschlüsse gefasst: Die vollständige Aufhebung der Mehrwertsteuer und Verbrauchssteuer auf Treibstoffe wurde beschlossen – für Benzin und Diesel. Das geschieht nicht nur im Zusammenhang mit der Frühjahrsaussaat, die zur gewohnten Zeit anlaufen sollte, sondern auch mit Blick auf die Bedürfnisse aller unserer Bürger: Damit in unserem Land kein Treibstoffmangel entsteht. Damit die Preise stabil bleiben. Die Regierung hat ihren Teil getan. Jetzt liegt es an den Abgeordneten: Sie müssen diesen Beschluss unverzüglich per Abstimmung bestätigen. Der Vorsitzende der Werchowna Rada*, Ruslan Stefantschuk, ist schon dabei, die entsprechende Parlamentssitzung zu organisieren.

Die zweite Komponente ist die Unterstützung der ukrainischen Kommunen, die unsere aus den Kampfzonen flüchtenden Landsleute aufnehmen. Die Regierung hat beschlossen, die Mehrbelastung der kommunalen Haushalte mit Strom- und Wasserkosten, die aus der Aufnahme von Geflüchteten resultiert, auszugleichen. Nach vorläufiger Abschätzung werden Gemeinden in mindestens zehn Regionen der Ukraine konkrete Zahlungen von der Zen-

* Ukrainisches Parlament.

tralregierung erhalten, um sicherzustellen, dass alle Binnenflüchtlinge mit allem Nötigen versorgt werden.

Ukrainer, wir müssen jetzt effizient sein. Wir müssen unsere Aufgaben zu hundert Prozent erfüllen, müssen Kollegen helfen, uns um unsere Lieben kümmern. Und zugleich müssen wir alles Notwendige für unsere Verteidigung bereitstellen. Für unsere Verteidiger.

Dies ist ein patriotischer Krieg. Ein Krieg des Volkes. Ein Krieg um unsere Unabhängigkeit. Unabhängigkeit nicht nur unseres Staates, sondern alles Ukrainischen, das in der Welt war, ist und sein wird.

Ruhm der Ukraine!

16

Neunundsiebzig

An die Italiener und alle Europäer,
12. März 2022

Die Welt hat inzwischen das russische Vorgehen auf die Uk-
raine fast einhellig verurteilt. Eine entsprechende Resolution
der Vollversammlung der Vereinten Nationen vom 2. März
erhält die Stimmen von 140 Ländern, bei 38 Enthaltungen
und fünf Gegenstimmen aus Russland, Weißrussland, Syrien,
Nordkorea und Eritrea. Die Weltbank hat indes ein Hilfs-
paket im Wert von drei Milliarden Dollar geschnürt. Auf der
ganzen Welt protestieren weiterhin Hunderttausende von
Demonstranten gegen den Krieg.

An alle Freunde der Ukraine, an alle Freunde Europas, an
alle Freunde der Freiheit!

Ich weiß, dass Sie heute auf der ganzen Welt Hunderttausende sind. Auf den Plätzen vieler Städte sind Sie mehr
als hunderttausend. Wir, die Ukrainer, sind dankbar dafür.

Und jetzt bitte ich jeden Einzelnen von Ihnen, sich die
Zahl 79 zu merken.

Sie werden bald verstehen, was diese Zahl bedeutet.
Ich werde Ihnen sagen, was sie für unser Leben bedeutet,

für jeden von uns. Ich werde es den Hunderttausenden und Millionen, die uns später zuhören werden, sagen.

In der Ukraine erleben wir einen schrecklichen Krieg. Europa hat einen solchen Konflikt seit dem Zweiten Weltkrieg nicht mehr erlebt. Wir haben diesen Krieg nicht ausgelöst. Es handelt sich um eine zynische, brutale russische Invasion ukrainischen Territoriums. Es ist ein Krieg gegen das ukrainische Volk, gegen aufrichtige und friedliche Menschen, die Sie, da bin ich mir sicher, in den Jahren unserer Unabhängigkeit als solche kennengelernt haben. Sie haben gesehen, wie ähnlich wir Ihnen sind. Wie Sie legen wir Wert auf die Freiheit. Wir messen der Gleichheit den gleichen Wert bei wie Sie. Wir wollen ebenso leben wie Sie. Wir wollen einfach leben. Wir wollen das Beste, das Großartigste für unsere Kinder, für unsere Familien.

Aber jetzt leben wir und Sie anders. Jetzt tobt der Krieg, und Tausende von Menschen sterben in ihm. 79 Kinder sind bereits gestorben. 79 Kinder! Ich bin mir sicher, dass Sie alle Fotos Ihrer Lieben haben, zu Hause oder auf Ihren Telefonen, die Sie ansehen können, wenn Ihr Herz es verlangt. Fotos Ihrer Kinder, Ihrer Eltern, Fotos von Menschen, die Ihnen wichtig sind, die Ihnen lieb und teuer sind. Ohne uns dessen bewusst zu sein, sind wir stets überzeugt, dass diese Fotos nicht die letzten sein werden. Weil wir glauben, dass wir sehen werden, wie sich das Leben der Menschen, die wir lieben, gestalten wird. Dass wir sehen werden, wie glücklich unsere Lieben sind. Wie unsere Kinder aufwachsen, wie sie auf die Universität gehen, wie sie arbeiten. Wie sie selbst Eltern werden. Und danach, wie wir mit unseren Enkelkindern spielen, wie wir sie von der Schule abholen und gemeinsam zu Abend essen.

Millionen von Menschen leben mit dieser Hoffnung, der Hoffnung auf ein friedliches Leben. Auf neue Fotos, neue Erinnerungen, neue Momente des Glücks – die unserem Staat, der Ukraine, nun verwehrt sind.

Solange der Krieg andauert, leben wir unter völlig anderen Bedingungen als Sie. Wenn Sie sicher sein können, dass Sie und Ihre Lieben eine lange Zukunft vor sich haben, eine normale Zukunft, dann gönnen wir es Ihnen. Wir freuen uns für Sie. Aber was wir hier haben, das haben wir vielleicht zum letzten Mal. Ein letztes Mal. Heute und nie wieder. Wie diese 79 ukrainischen Kinder. 79 ukrainische Familien, die durch diesen schändlichen Krieg, durch die russische Invasion, zerstört worden sind. 79 Familien, die das Liebste verloren haben – und die dennoch gezwungen sind weiterzukämpfen. Sie sind gezwungen, aufzustehen und zu überleben. Und zu kämpfen. Für eine Zukunft, die für sie bereits vorüber ist. Auf diesen Fotos sind 79 Kinder zu sehen, die im Krieg getötet wurden. Und was sollen wir tun? Wir alle – das ukrainische Volk, die Europäer –, damit die Zahl 79 sich nicht ändert, nicht größer wird? Und damit Europa die Ukraine nicht vergisst? 79!

Russische Soldaten belagern ukrainische Städte. Sie versuchen, sie zu zerstören. Man stelle sich vor: ganze Städte! Im Jahr 2022! In Europa! Unser Mariupol, die größte ukrainische Stadt am Asowschen Meer, ist einer totalen Blockade unterworfen. Es wird rund um die Uhr bombardiert. Russische Soldaten werfen Bomben ab und schießen mit Raketen auf die Stadt. Sie bombardierten sogar eine Entbindungsstation und ein Kinderkrankenhaus. Das ist Hass auf die gesamte Menschheit. Sie töten Kinder und zerstören Entbindungsstationen und Kinderkrankenhäuser. Warum? Damit ukrainische Frauen nicht mehr gebären?

Und so etwas passiert überall in unserem Land, überall in der Ukraine, die unter der russischen Invasion leidet. Die Aggressoren haben bereits Dutzende von Krankenhäusern und Hunderte von Schulen und Kindergärten zerstört. Sie zerstören Universitäten. Sie belegen Wohngebiete mit Bombenteppichen. Stellen Sie sich das vor! Wie soll man dort überleben? Was bedeutet das für die Ukrainer, für unsere Familien, für unsere Kinder? Was bedeutet es, wenn wir nicht einmal in der Kirche Frieden finden können? Weil die Bomben auch auf Kirchen fallen!

Sogar die Plätze ... Plätze wie Ihre, solche wie die, auf denen Sie mir jetzt zuhören. Sie haben den zentralen Platz von Charkiw bombardiert – den Freiheitsplatz, den größten Platz in Europa, der sich durch nichts von Ihren Plätzen unterscheidet. Außer dadurch, dass er durch einen russischen Raketenangriff zerstört wurde.

In Interviews werde ich ständig gefragt: Wie kann Europa der Ukraine helfen? Ich stelle die Frage anders: Wie kann Europa sich selbst helfen? Denn dieser Krieg richtet sich nicht nur gegen unser Volk, nicht nur gegen die Ukrainer. Nein, es ist auch ein Krieg gegen die Werte, die uns verbinden. Gegen unsere Fähigkeit zu leben. Zu leben, und nicht zu töten, wie es das russische Militär auf unserem Territorium tut.

Sehen Sie, wodurch wir uns von ihnen unterscheiden? Wir leben. Sie töten. Wir sind 79 Leben. Sie sind 79 Tode.

Ich bin sicher, dass Sie wie die Ukrainer wollen, dass der Krieg aufhört. Das ist der Grund, weshalb meine Antwort auf die Frage nach der Hilfe, die wir brauchen, für Millionen von Menschen in Demokratien logisch und natürlich ist. Sie müssen Druck ausüben.

Sanktionen gegen Russland sind nötig, damit jeder russische Soldat weiß, was Schüsse auf Zivilisten ihn kosten. Wir brauchen Regeln für das Handeln europäischer Unternehmen, die dafür sorgen, dass der russische Staat nicht mehr das Geld hat, unser Leben zu zerstören. Üben Sie Druck auf die Unternehmen in Ihren Ländern aus – damit sie Russland verlassen, damit Sie diesen Krieg, diese Tragödie nicht indirekt finanzieren. Sagen Sie Ihren Politikern, sie sollen den Himmel über der Ukraine sperren, um sie vor russischen Raketen und Flugzeugen zu schützen. Vor jenen, die 79 Kinder und Tausende Erwachsene getötet haben! Tausende in siebzehn Tagen!

All das wird uns schützen. Wir sind wie Sie. Absolut genauso. Das wissen Sie. Sie fühlen es. Sie sehen mich, und Sie verstehen es.

Und Sie wissen, dass wir zusammenstehen müssen in der Gemeinschaft der Europäer. Das ist äußerst wichtig für die Ukraine, und es ist sehr wichtig für Sie, für Europa. Denn es wird Europa stärken. Es wird Europa schützen. Es wird den Krieg für immer besiegen. Es wird beweisen, dass die 79 Kinder, die im Krieg für die Freiheit den Tod fanden, ihr Leben nicht umsonst gegeben haben. Sie sind am Leben. Sie leben unter uns, und sie sind unter den Kindern in der Ukraine und in Europa, die frei sind, die träumen können, die so leben können, wie sie es wollen. In Frieden. Ohne die Angst davor, vielleicht getötet zu werden. Und ohne sich ständig nach dem nächstgelegenen Luftschutzraum umzuschauen. So wie Sie sich nicht nach einem umschauen – Sie, die Hunderttausenden auf den Plätzen Europas, die mir in diesem Moment zuhören. Und wie die Millionen, die mich, da bin ich mir sicher, ebenfalls hören werden.

Hören Sie der Ukraine zu – 79. Für die Ukraine – 2022. Für die Ukraine, die den Frieden will. Und für Europa, für das es Zeit ist, sich zu entscheiden.

Entscheiden Sie sich für die Ukraine! Für den Frieden! Für uns alle!

Ruhm der Ukraine!*

---

* Aufgrund der engen Beziehungen zwischen den italienischen Rechtsparteien und der russischen Regierung nahm ein Drittel der italienischen Parlamentarier nicht an dieser Sitzung teil.

17

Sie bombardieren unsere Klöster –
wir versorgen die Gefangenen

An die Ukrainer,
14. März 2022

In Mariupol, wo die Opferzahlen steigen, sitzen mehr als 400 000 Menschen ohne Wasser und Nahrung fest. Überall im Land werden Zivilisten und Soldaten in Massengräbern verscharrt. Es wird geschätzt, dass 2,7 Millionen Menschen aus der Ukraine in Nachbarländer ausgereist sind. Die Europäische Union hat ein Konzept für die Aufnahme von Flüchtlingen erstellt. Die Vereinigten Staaten erhöhen ihre Militärhilfe für die Ukraine um 200 Millionen Dollar; zwar lehnen sie die Entsendung von Flugzeugen via Polen weiterhin ab, liefern aber, wie etliche andere Länder, Verteidigungswaffen.

Starke Bürger eines unbezwingbaren Landes!

Heute ist der achtzehnte Tag. Der achtzehnte Tag des Krieges um unser Überleben, um die Ukraine, um die Unabhängigkeit.

Angefangen hat dieser Tag rabenschwarz. Wieder sind in unserem Land russische Raketen und Bomben eingeschlagen. Von Ost nach West. Dreißig Raketen allein im Raum Lwiw. Beim Beschuss des Internationalen Zentrums für Friedenssicherung und Sicherheit starben 35 Menschen, 134 wurden verwundet. Nichts, was in diesem Zentrum passierte, könnte die territoriale Unversehrtheit der Russischen Föderation bedrohen. Und nur zwanzig Kilometer entfernt verläuft die Grenze zum NATO-Gebiet. Letztes Jahr übermittelte ich den führenden NATO-Ländern die klare Warnung, dass Russland, wenn nicht harte präventive Sanktionen gegen das Land verhängt würden, einen Krieg beginnen werde. Wir haben recht behalten. Ich habe seit Langem erklärt, dass Nord Stream eine Waffe ist, die Europa treffen wird. Das ist jetzt offenkundig geworden.

Erneut wiederhole ich mich: Wenn ihr nicht unseren Himmel sperrt, wird es nur eine Frage der Zeit sein, bis russische Raketen auf eurem Staatsgebiet einschlagen. Auf NATO-Territorium. In die Häuser von Bürgern der NATO-Mitgliedsstaaten. Ein US-amerikanischer Journalist ist heute im Raum Kiew getötet worden, Brent Renaud. Sein Kollege wurde verwundet. Es war ein vorsätzlicher Angriff durch russische Truppen. Die wussten, was sie taten. Hingegen scheinen nicht alle im Westen zu wissen, was sie tun.

Im Osten unseres Landes beschlossen die Invasoren, ein christliches Kloster zu »entmilitarisieren« und zu »entnazifizieren«: die Lawra von Swjatohirsk, ein Kloster der ukrainisch-orthodoxen Kirche des Moskauer Patriarchats.*

---

* Ukrainisch-orthodoxes Kloster in der Nähe der Stadt Swjatohirsk, in der Oblast Donezk.

Zum Zeitpunkt des Bombenangriffs hielten sich auf dem klösterlichen Areal nur Mönche und Hunderte Flüchtlinge auf. Kein militärisches Ziel befindet sich auch nur in der Nähe des Klosters. Doch russische Truppen haben nicht einmal Skrupel, ein Kloster zu bombardieren. Das allein zeigt, dass die ganze Ideologie des russischen Staates einfach nur eine Lüge ist.

Ich habe heute unsere Jungs besucht, unsere Verteidiger, die sich in einer Militärklinik von ihren Verletzungen erholen. Wir haben uns unterhalten. Ich habe Auszeichnungen verliehen, Orden, Medaillen – für Tapferkeit, für den Ruhm der Ukraine. Und ich wünsche mir aufrichtig, dass meine Grußformel »Ich wünsche euch gute Gesundheit« heute eine ebenso machtvolle Wirkung entfalten möge wie unsere Streitkräfte, die unsere Grenzen bewachen. Dies schon seit achtzehn Tagen.

Übrigens wird der russische Soldat aus Rjasan in derselben Klinik behandelt. Er liegt auf derselben Station wie unsere Verteidiger. Erhält dieselbe medizinische Hilfe, ungeachtet dessen, was er uns angetan hat – uns, der Ukraine. Ukrainische Ärzte haben ihn gerettet. Und das ist selbstverständlich. Sie sind nämlich Menschen, keine Barbaren. Wir müssen diesen Krieg durchstehen, damit wir alle Menschen bleiben.

Mein Dank geht an alle Ärzte und Krankenpfleger, die in Kiew und Dnipro arbeiten, in Winnyzja und Lwiw, in Tschernihiw und im Donbass, in Charkiw, in Melitopol, in Mariupol …

Mariupol …

An euch alle!

Militärklinik Mariupol

Militärlazarett Pokrowsk

Militärlazarett Tschassiw Jar

Zentrales Militärisches Klinikzentrum der östlichen Region

Militärklinik Tscherkaske

Zentrales Militärisches Klinikzentrum der Mittleren Region in Winnyzja

Zentrales Militärisches Klinikzentrum der Westlichen Region in Lwiw

Militärisches Medizinisches Rehabilitationszentrum (aus Irpin wegverlagert, aber nach wie vor in Betrieb)

Euch allen aufrichtigen Dank! Von uns allen. Von allen Ukrainern.

Ich habe heute auch Kontrollpunkte besucht. Ich wollte dabei keine große Publizität, nur unseren Jungs Mut zusprechen. Das sind tapfere Männer, fröhliche Jungs. Die Kiew verteidigen und wissen, dass WIR gewinnen werden. Man spürt es.

Dank unserer einzigartigen Fähigkeit, zusammenzustehen, werden wir den Sieg erringen. Wir schaffen es immer, für unsere Leute zu sorgen. Ich habe dort am Kontrollpunkt eine bemerkenswerte Persönlichkeit – im Geist, im Herzen, in puncto Ehrlichkeit – kennengelernt, eine Person, die unseren Verteidigern Hilfe leistet und ihnen täglich einen Topf Borschtsch bringt. Superdelikat, echt ukrainisch. Von ganzem Herzen. Und ich weiß, dass unser Staat sich seit Jahrhunderten auf solche Leute verlassen kann. Dank solcher Menschen werden wir alle finsteren Zeiten überstehen. Weil wir zusammenstehen. Weil wir immer unsere eigenen Leute beschützen. Und unser Eigentum. NICHT um des Geldes willen. Ohne äußeren

Zwang. NICHT wie die unerbetenen Eindringlinge. Einfach weil wir Ukrainer sind.

Wichtige internationale Konsultationen: mit Bulgarien, der Slowakei, der Tschechischen Republik, Rumänien, Polen, Großbritannien. Wir spüren die Unterstützung dieser Länder. Ihre Unterstützung für unsere Streitkräfte. Das ist wichtig. Eine Unterredung hatte ich auch mit Charles Michel, dem Präsidenten des Europäischen Rates. Über unsere EU-Perspektive, die Gestalt annimmt.

Nun noch zu den Verhandlungen mit der Russischen Föderation. Angehörige der Verhandlungsdelegationen beider Länder führen jeden Tag Gespräche im Videoformat. Unsere Delegation hat einen klar definierten Auftrag: alles zu tun, um ein Treffen der Präsidenten zustande zu bringen. Das Treffen, auf das, da bin ich mir sicher, unser Volk wartet. Das ist logischerweise eine schwierige Sache, ein steiniger Weg. Aber einer, der gegangen werden muss. Unser Ziel ist es, bei diesen Verhandlungen die für die Ukraine in diesem Kampf nötigen Ergebnisse zu erzielen. Nötig für den Frieden. Und für die Sicherheit. Damit wir Garantien bekommen – normale, wirksame. NICHT wie die von Budapest und auch nicht wie die für unseren Luftraum. Sodass die Ukrainer sagen könnten: Das ist etwas, das funktioniert. Das sind die Garantien, die wir brauchen. Es ist unumgänglich, dass wir verhandeln.

Mehr als zehn humanitäre Korridore haben funktioniert. Im Raum Kiew, im Raum Luhansk ... 5550 Menschen wurden an einem einzigen Tag gerettet. Im Lauf von sechs Tagen mehr als 130 000. Es ist unumgänglich, dass wir verhandeln.

Solche Korridore sind eben Verhandlungen zu verdanken. Leider ist der humanitäre Korridor nach Mariupol blockiert worden – erneut. Wir hatten alles Nötige getan, für »Ruhe« gesorgt. Doch dann stoppten russische Truppen die Hilfsgütertransporte und Busse. Aber wir werden es wieder versuchen – bis wir unseren Leute Hilfe bringen können. Weil es unsere Leute sind. Unser Mariupol. Heldenhaftes Mariupol.

Ukrainer, wir durchleben das schlimmste Trauma unserer Geschichte. Unseres Lebens. Wir beschützen das Kostbarste, was wir haben. Wir müssen durchhalten. Wir müssen kämpfen. Und wir werden siegen. Ich weiß das. Ich glaube daran.

Ruhm euch allen! Ruhm unserem Volk! Ruhm unseren Helden!

Ruhm der Ukraine!

18

Die anständigen Russen

An die Ukrainer,
15. März 2022
(wenige Stunden nach der vorherigen Ansprache)

Freie Menschen in einem freien Land!

Der neunzehnte Tag unseres Widerstandes ist vorbei. Ein historischer Krieg. Ein weiterer schwieriger Tag vor unserem Sieg. Der Frieden für die Ukraine rückt näher. Nach wie vor ist der Feind verwirrt. Sie haben nicht mit einem solchen Widerstand gerechnet. Sie haben ihrer Propaganda geglaubt, die seit Jahrzehnten Lügen über uns verbreitet, und sie können sich immer noch nicht besinnen. Aber sie haben bereits angefangen zu verstehen, dass sie mit Krieg nichts erreichen. Ihre Soldaten wissen das. Auch ihre Offiziere sind sich dessen bewusst. Sie fliehen vom Schlachtfeld. Sie lassen ihre Ausrüstung zurück. Wir nehmen sie als Trophäen und nutzen sie nun zum Schutz der Ukraine. Heute sind die russischen Truppen dadurch sogar zu einem Lieferanten unserer Armeeausrüstung geworden. Das hätten sie sich nicht einmal in einem Albtraum vorstellen können.

Ich möchte den russischen Soldaten etwas sagen – denjenigen, die bereits in unser Land eingedrungen sind und die gerade in den Kampf gegen uns geschickt werden. Russische Wehrpflichtige, hört mir gut zu! Russische Offiziere! Ihr habt bereits alles verstanden. Ihr werdet der Ukraine nichts wegnehmen. Ihr werdet einigen von uns das Leben nehmen. Es gibt viele von euch. Aber auch euer Leben wird genommen werden. Doch warum solltet ihr sterben? Wozu? Ich weiß, dass ihr überleben wollt. Wir hören in den abgehörten Gesprächen, was ihr wirklich über diesen sinnlosen Krieg, über diese Schande, über euren Staat denkt. Eure Gespräche untereinander, eure Anrufe nach Hause zu euren Familien – wir hören das alles. Wir ziehen Schlussfolgerungen daraus. Wir wissen, wer ihr seid.

Deshalb stelle ich euch vor die Wahl. Im Namen des ukrainischen Volkes gebe ich euch eine Chance: die Chance zu überleben. Wenn ihr euch unseren Streitkräften ergebt, werden wir euch so behandeln, wie Menschen behandelt werden sollten: anständig, als Menschen. So wie ihr in eurer Armee nicht behandelt werdet. Und so, wie eure Armee die unsere nicht behandelt. Ihr habt die Wahl!

Unsere tapferen Verteidiger fügen den russischen Truppen weiterhin verheerende Verluste zu. Bald wird die Zahl der abgeschossenen Hubschrauber Russlands in die Hunderte gehen. Ihr habt bereits achtzig Kampfflugzeuge verloren sowie Hunderte Panzer und Tausende anderer Ausrüstungsgegenstände.

In neunzehn Tagen hat die russische Armee in der Ukraine mehr verloren als in zwei blutigen und jahrelangen Kriegen in Tschetschenien. Und wofür? Ich bin den Russen dankbar, die nicht aufhören, die Wahrheit zu verbreiten. Denen, die gegen Desinformation ankämpfen und ihren Freunden und Angehörigen die wahren Fakten berichten. Und persönlich bin ich der Frau dankbar, die mit einem Plakat gegen den Krieg das Studio von Channel One betrat.*

Ich danke denjenigen, die keine Angst haben zu protestieren. Solange euer Land sich noch nicht völlig von der ganzen Welt abgeschottet hat und sich in ein riesiges Nordkorea verwandelt, müsst ihr kämpfen. Ihr dürft eure Chance nicht verspielen. Die Europäische Union hat das vierte Paket von Sanktionen gegen Russland beschlossen. Das vierte – und ich bin sicher, es war nicht das letzte. Wir arbeiten mit unseren Partnern an neuen Beschränkungen, die gegen den russischen Staat verhängt werden sollen. Gegen jeden, der für den Krieg verantwortlich ist. Gegen jeden, der für die Zerstörung der Demokratie verantwortlich ist. Gegen jeden, der für die Repressionen gegen Menschen verantwortlich ist. Alle werden eine Antwort bekommen – die Antwort der Welt.

Und das ist erst der Anfang. Es ist unausweichlich, dass das russische Militär die Verantwortung für Kriegsverbrechen übernimmt. Auch die Verantwortung für vorsätzliche humanitäre Katastrophen in ukrainischen Städten muss es auf jeden Fall übernehmen. Die ganze Welt sieht, was in Mariupol geschieht, in Charkiw, Tschernihiw, Sumy, Ochtyrka, Hostomel, Irpin. In allen unseren Städten.

Jeder unserer Partner ist über die Verbrechen der In-

---

* Eine Journalistin protestierte live gegen den Krieg in der Nachrichtensendung des ersten russischen TV-Kanals.

vasoren gegen die Zivilbevölkerung und die lokale Selbstverwaltung in den Regionen Cherson und Saporischschja informiert – auch in den derzeit besetzten Gebieten. Darauf wird es eine Antwort geben, mit Sicherheit. Für die unterbrochenen humanitären Korridore, mit Sicherheit. Im Laufe des 14. März wurden 3806 Ukrainer aus den Städten und Dörfern der Regionen Kiew und Luhansk evakuiert. Unser Konvoi mit hundert Tonnen Material, das dringend in Mariupol benötigt wird, wird immer noch in Berdjansk festgehalten, schon seit drei Tagen. Aber wir werden es weiterhin versuchen. Wir werden alles tun, damit die Einwohner von Mariupol Lebensmittel, Wasser und Medikamente erhalten.

Ich habe in Gesprächen mit Freunden und Partnern unseres Staates umfassend über die Aktionen der Eindringlinge auf ukrainischem Boden informiert. Jedes aggressive Vorgehen der Invasoren veranlasst die Welt zu neuen Sanktionen.

Ich habe mit der Präsidentin der Europäischen Kommission Ursula von der Leyen gesprochen. Mit dem polnischen Präsidenten Andrzej Duda. Mit dem luxemburgischen Premierminister Xavier Bettel. Wir sind zu hundert Prozent einer Meinung. Wichtig war auch das Gespräch mit dem israelischen Premierminister Bennett, als Teil der Verhandlungsbemühungen, um diesen Krieg so schnell wie möglich zu beenden – mit einem fairen Frieden.

Daran hat unsere Delegation auch in den Verhandlungen mit der russischen Seite gearbeitet. Sogar ziemlich gut, wie man mir sagte. Warten wir ab, die Verhandlungen werden morgen fortgesetzt. Das Ministerkabinett der Ukraine hat ein Paket von Entscheidungen zur Unterstützung unserer Wirtschaft beschlossen. Damit die Wirtschaft funktioniert. Damit die Menschen Arbeit haben. Wo die Sicherheit dies erlaubt. Wo die Menschen dazu bereit sind.

Erstens: Wir beginnen mit einer Steuerreform. Anstelle von Mehrwertsteuer und Einkommensteuer setzen wir einen Satz von zwei Prozent des Umsatzes und eine vereinfachte Buchführung fest. Für kleine Unternehmen – das ist die erste und zweite Gruppe von Einzelunternehmern – legen wir die freiwillige Zahlung einer einzigen Steuer fest. Das heißt, Sie zahlen, wenn Sie können. Wenn Sie es nicht können, werden keine Fragen gestellt.

Das Zweite betrifft die maximale Deregulierung von Unternehmen. Wir heben die Inspektionen für alle Unternehmen auf. Damit alle normal arbeiten können. Damit die Städte zum Leben erwachen. Damit das Leben dort weitergeht, wo es keine Feindseligkeiten gibt. Die einzige Bedingung ist, dass Sie den normalen Betrieb Ihres Unternehmens im Rahmen des ukrainischen Rechts gewährleisten.

Dies sind nur die ersten beiden Schritte unserer Steuerreform. Wir werden diese fortsetzen. Und zum Schluss: Ich habe soeben eine Verordnung über die Verleihung staatlicher Auszeichnungen der Ukraine an 234 Angehörige der ukrainischen Streitkräfte unterzeichnet, die im Kampf für unser Land persönlichen Mut und Heldentum bewiesen haben. Für unsere Unabhängigkeit. 59 von ihnen wurden posthum ausgezeichnet. Möge die Erinnerung an alle, die ihr Leben für unseren Staat gegeben haben, ewig währen! Ewige Dankbarkeit all unseren Helden!

Ruhm der Ukraine!

19

Ist das zu viel verlangt?

An den US-Kongress,
16. März 2022

Am einundzwanzigsten Tag des Krieges wendet sich Präsident Selenskyj an den US-Kongress. Die Vereinigten Staaten haben die russischen Übergriffe in der Ukraine aufs Schärfste verurteilt und das Land mit Waffenlieferungen sowie humanitärer und finanzieller Hilfe unterstützt. Präsident Biden hat eine zusätzliche Militärhilfe in Höhe von achthundert Millionen Dollar angekündigt, womit sich die Unterstützung der USA auf insgesamt eine Milliarde Dollar beläuft. Diese Hilfe umfasst die Lieferung von Drohnen und Luftabwehrwaffen. Am selben Tag bezeichnete Biden Präsident Putin als Kriegsverbrecher. Die nachfolgende Rede wurde zu einem Zeitpunkt gehalten, da die Gewalt gegen die ukrainische Zivilbevölkerung weiter zunahm, insbesondere in Mariupol und Odessa, wo die Bombardements und zivilen Todesopfer sich mehrten. Die russischen Truppen attackierten Kiew kontinuierlich und näherten sich dem Süden der Stadt in der Hoffnung, die Einkesselung der Metropole zu vollenden.

Mrs Speaker*, Mitglieder des Kongresses, meine Damen und Herren, Amerikaner! Freunde!

Ich bin stolz, Sie aus der Ukraine zu grüßen, aus unserer Hauptstadt Kiew. Aus einer Stadt, die Raketen- und Luftangriffen der russischen Truppen ausgesetzt ist – jeden Tag. Aber diese Stadt gibt nicht auf. Sie hat auch nicht eine einzige Minute lang daran gedacht aufzugeben! Genau wie Dutzende anderer Städte und Gemeinden in unserem Land, die sich gerade jetzt im schlimmsten Krieg seit dem Zweiten Weltkrieg befinden.

Ich habe die Ehre, Sie im Namen des ukrainischen Volkes zu grüßen, eines tapferen, freiheitsliebenden Volkes. Seit acht Jahren leistet es Widerstand gegen die Aggression der Russischen Föderation. Es opfert seine besten Kinder, seine Söhne und Töchter, um die russische Invasion zu stoppen.

Jetzt wird über das Schicksal unseres Staates entschieden, über das Schicksal unseres Volkes. Nun wird sich entscheiden, ob die Ukrainer frei sein, ob sie ihre Demokratie bewahren werden. Russland hat mehr als nur unser Land und unsere Städte angegriffen, es hat eine brutale Offensive gegen unsere Werte gestartet, gegen grundlegende menschliche Werte. Es hat Panzer und Flugzeuge gegen unsere Freiheit gerichtet. Gegen unser Recht, frei in unserem Land zu leben und unsere Zukunft selbst zu bestimmen. Gegen unser Streben nach Glück. Gegen unsere nationalen Träume. Genau wie Ihre Träume, die von ganz gewöhnlichen Menschen in Amerika. Wie die aller Menschen in den Vereinigten Staaten.

* Nancy Pelosi, Sprecherin des US-Repräsentantenhauses.

Ich erinnere mich an Ihr Mount Rushmore National Memorial. An die Gesichter Ihrer herausragenden Präsidenten. An diejenigen, die den Grundstein für Amerika gelegt haben, so wie es sich heute darstellt. Mit seiner Demokratie, Unabhängigkeit, Freiheit und der Fürsorge für alle. Für jeden, der fleißig arbeitet, der aufrichtig lebt und das Gesetz respektiert. Wir in der Ukraine wollen das Gleiche für uns. All das ist für Sie ein ganz normaler Teil des Lebens.

Meine Damen und Herren! Amerikanerinnen und Amerikaner! In Ihrer großen Geschichte finden sich Momente, die Sie in die Lage versetzen, die Ukrainer zu verstehen. Verstehen Sie uns also jetzt – jetzt, da es am nötigsten ist. Erinnern Sie sich an Pearl Harbor, den schrecklichen Morgen des 7. Dezember 1941, als Ihr Himmel schwarz war von den Flugzeugen, die Sie angriffen. Erinnern Sie sich daran. Denken Sie an den 11. September, einen schrecklichen Tag im Jahr 2001, als das Böse versuchte, Ihre Städte in ein Schlachtfeld zu verwandeln. Als unschuldige Menschen angegriffen wurden, aus der Luft. Auf eine Weise, die niemand erwartet hatte. Auf eine Weise, die man nicht verhindern konnte.

Unser Staat erlebt dies jeden Tag! Jede Nacht! Und das schon seit drei Wochen! Es betrifft viele ukrainische Städte – Odessa und Charkiw, Tschernihiw und Sumy, Schytomyr und Lwiw, Mariupol und Dnipro. Russland hat den ukrainischen Himmel in eine Quelle des Todes verwandelt. Für Tausende von Menschen. Russische Truppen haben bereits fast tausend Raketen auf die Ukraine abgefeuert. Unzählige Bomben. Sie setzen Drohnen ein, um noch präziser zu töten. Das ist ein Terror, wie ihn Europa seit rund achtzig Jahren nicht mehr gesehen hat.

Wir bitten um eine Antwort. Um die Antwort der Welt. Um die Antwort auf den Terror. Ist das zu viel verlangt? Eine Flugverbotszone über der Ukraine einzurichten bedeutet, Menschen zu retten. Eine humanitäre Flugverbotszone – Bedingungen, unter denen Russland nicht mehr in der Lage sein wird, unsere friedlichen Städte Tag und Nacht zu terrorisieren.

Wenn das zu viel ist, bieten wir eine Alternative. Sie wissen, welche Verteidigungssysteme wir brauchen: C-300 und andere ähnliche Systeme.*

Sie wissen, wie viel auf dem Schlachtfeld von der Fähigkeit abhängt, Flugzeuge einzusetzen, mächtige, starke Flugzeuge – um Ihr Volk zu schützen, Ihre Freiheit, Ihr Land. Flugzeuge, die auch der Ukraine helfen können. Die Europa helfen können. Und Sie wissen, dass sie verfügbar sind. Aber sie stehen am Boden. Sie sind nicht am ukrainischen Himmel. Sie schützen unser Volk nicht.

»Ich habe einen Traum« – diese Worte kennt jeder von Ihnen. Heute kann ich sagen: »Ich habe ein Bedürfnis.« Ich fühle die Notwendigkeit, unseren Himmel zu schützen. Ich habe das Bedürfnis nach Ihrer Entscheidung, nach Ihrer Hilfe. Es wird genau das Gleiche bedeuten, was Sie fühlen, wenn Sie hören: »Ich habe einen Traum.«

Meine Damen und Herren! Freunde! Die Ukraine ist den Vereinigten Staaten dankbar für ihre überwältigende

---

* Flugabwehr-Raketensystem, entwickelt von dem ehemals sowjetischen, heute russischen Unternehmen NPO Almaz bzw. Almaz Antei.

Unterstützung. Für all das, was Ihr Staat und Ihr Volk bereits für unsere Freiheit getan haben. Für Waffen und Munition, für Ausbildung und Finanzierung. Für die Führungsrolle in der freien Welt, die hilft, den Aggressor wirtschaftlich unter Druck zu setzen. Ich bin Präsident Biden dankbar für sein persönliches Engagement, für seinen aufrichtigen Einsatz für die Verteidigung der Ukraine und der Demokratie in der ganzen Welt. Ich danke Ihnen für die Resolution, in der all diejenigen, die Verbrechen gegen das ukrainische Volk begangen haben, als Kriegsverbrecher bezeichnet werden. Doch jetzt, in der dunkelsten Zeit für unser Land, für ganz Europa, fordere ich Sie dringend auf, mehr zu tun! Jede Woche werden neue Sanktionspakete benötigt, so viele, bis die russische Militärmaschinerie zum Stillstand kommt. Wir brauchen Restriktionen für alle, die dieses Unrechtsregime unterstützen.

Wir schlagen den Vereinigten Staaten vor, Sanktionen gegen alle Politiker in der Russischen Föderation zu verhängen, die im Amt bleiben und ihre Kontakte zu den Verantwortlichen für die Aggression gegen die Ukraine nicht abbrechen. Von den Abgeordneten der Staatsduma* bis hin zum letzten Beamten, dem die Moral fehlt, sich vom Staatsterrorismus zu lösen. Alle amerikanischen Unternehmen müssen Russland, ihren dortigen Markt, verlassen. Verlassen Sie diesen mit unserem Blut überschwemmten Markt.

Meine Damen und Herren! Mitglieder des Kongresses! Übernehmen Sie die Führung! Wenn Sie Unternehmen

* Russisches Parlament.

in Ihren Wahlkreisen haben, die die russische Militärmaschinerie sponsern und ihre Geschäfte in Russland weiterführen … dann müssen Sie Druck ausüben. Damit der russische Staat nicht einen einzigen Dollar erhält, den er für die Zerstörung der Ukraine ausgibt. Für die Zerstörung Europas. Alle amerikanischen Häfen müssen für russische Waren und Schiffe geschlossen werden. Frieden ist wichtiger als Profit.

Diesen Grundsatz müssen wir gemeinsam in der ganzen Welt verteidigen. Wir sind bereits Teil der Antikriegskoalition geworden. Die große Antikriegskoalition, die viele Staaten, Dutzende von Staaten vereint. Diejenigen, die auf die Entscheidung von Präsident Putin – auf den Einmarsch Russlands in unseren Staat – prinzipienfest reagiert haben.

Aber wir müssen weitermachen. Wir müssen neue Instrumente schaffen, um schnell zu reagieren! Und den Krieg stoppen. Die russische Invasion in der Ukraine begann umfassend am 24. Februar. Und es wäre fair, wenn er auch in einem Tag beendet wäre, in 24 Stunden. Damit das Böse sofort bestraft wird. Heute verfügt die Welt nicht über solche Mittel. Die Kriege der Vergangenheit haben unsere Vorgänger dazu veranlasst, Institutionen zu schaffen, die uns vor Krieg schützen sollten. Aber … sie funktionieren nicht. Wir sehen es, Sie sehen es. Wir brauchen also neue. Neue Institutionen, neue Allianzen.

Und wir schlagen sie vor. Wir schlagen vor, eine Vereinigung zu gründen: U-24. Vereint [united] für den Frieden. Eine Union verantwortungsbewusster Staaten, die die Kraft und das Gewissen haben, Konflikte zu beenden – unverzüglich. Und innerhalb von 24 Stunden alle notwendige Hilfe zu leisten. Wenn nötig, auch mit Waffen. Wenn nötig, mit Sanktionen. Humanitäre Unterstützung, politische Unterstützung, finanzielle Unterstützung. Alles, was nötig ist, um den Frieden schnell zu erhalten. Um Leben zu retten. Darüber hinaus könnte eine solche Vereinigung denjenigen Hilfe leisten, die von Naturkatastrophen oder von durch Menschen verursachte Katastrophen betroffen sind, die Opfer einer humanitären Krise oder einer Epidemie geworden sind.

Erinnern Sie sich daran, wie schwierig es für die Welt war, das Einfachste zu tun: allen Menschen Impfstoffe gegen Covid zu geben. Um Leben zu retten. Um neue Virenstämme zu verhindern. Die Welt hat Monate, Jahre damit verbracht, Dinge zu tun, die viel schneller hätten getan werden können, sodass es keine menschlichen Verluste gegeben hätte.

Meine Damen und Herren! Amerikanerinnen und Amerikaner! Wäre ein solches Bündnis, die U-24, bereits gebildet worden, hätte es meiner Meinung nach Tausende von Menschenleben gerettet. In unserem Land, in vielen anderen Ländern, die den Frieden so dringend brauchen, die unmenschliche Zerstörung erlitten haben …

Ich bitte Sie, sich jetzt ein Video anzusehen. Das Video zeigt, was russische Truppen in unserem Land angerichtet haben. Wir müssen das stoppen. Wir müssen solche Dinge verhindern. Jeden Aggressor, der eine andere Nation erobern will, müssen wir präventiv vernichten. Bitte schauen Sie sich das Folgende an* …

---

* Selenskyj zeigt ein Video, auf dem man ukrainische Städte vor und nach ihrer Zerstörung sieht, die Bombardierungen von

Zum Schluss ein Fazit: Heute reicht es nicht mehr aus, der Anführer einer Nation zu sein. Heute muss man der Führer der Welt sein. Der Führer der Welt zu sein bedeutet, der Führer des Friedens zu sein. Der Frieden in Ihrem Land hängt nicht mehr nur von Ihnen und Ihrem Volk ab. Er hängt von denen ab, die an Ihrer Seite stehen, von denen, die stark sind. Stark sein bedeutet nicht, groß zu sein. Stark sein bedeutet, mutig sein und bereit, für das Leben seiner Bürger – und der Bürger der ganzen Welt – zu kämpfen. Für die Menschenrechte, für die Freiheit, für das Recht, anständig zu leben und zu sterben, wenn es an der Zeit ist – und nicht, wenn es von jemand anderem, von Ihrem Nachbarn, gewünscht wird.

Heute verteidigt das ukrainische Volk nicht nur die Ukraine. Nein, wir kämpfen auch für die Werte Europas und der ganzen Welt und opfern unser Leben im Namen der Zukunft. Deshalb hilft das amerikanische Volk heute nicht nur der Ukraine, sondern auch Europa und der Welt, den Planeten am Leben zu erhalten und für Gerechtigkeit in der Geschichte zu sorgen.

Ich bin jetzt fast 45 Jahre alt. Doch heute ist mein Alter bedeutungslos geworden, da die Herzen von mehr als hundert Kindern aufgehört haben zu schlagen. Ich sehe keinen Sinn im Leben, wenn es den Tod nicht aufhalten kann. Und das ist meine Hauptaufgabe als Führer meines Volkes – der großen Ukrainer.

Und als Führer meiner Nation wende ich mich an Präsident Biden. Sie sind der Führer Ihrer Nation, Ihrer gro-

Kindern, Frauen, Soldaten, älteren Menschen. Man sieht Leichen, die in Massengräbern liegen.

ßen Nation. Ich wünsche Ihnen, dass Sie der Führer der Welt sind. Der Führer der Welt zu sein bedeutet, der Führer des Friedens zu sein.

Ich danke Ihnen.

Ruhm der Ukraine!

20

Eine Mauer mitten in Europa

An den deutschen Bundestag,
17. März 2022

Bis Mitte März sind bereits über drei Millionen Menschen aus der Ukraine geflohen, einige Hunderttausend davon nach Deutschland. Während die humanitäre Hilfsbereitschaft der Deutschen von Kriegsbeginn an groß ist, agiert die deutsche Regierung unter Bundeskanzler Olaf Scholz in Sachen militärischer Unterstützung durch Waffenlieferungen vergleichsweise zurückhaltend. Auch ein umfassendes Embargo russischer Gas- und Ölimporte steht vorerst nicht auf der Agenda. Eine wesentliche Rolle spielt hierbei die über Jahre hinweg und selbst nach der Krim-Annexion weiter aufgebaute starke Abhängigkeit der deutschen Energieversorgung von russischen Lieferanten, aufgrund derer Deutschland täglich Millionen von Euro für Gas und Öl nach Russland überweist. Umgekehrt ist bekannt, dass sich der russische Staatshaushalt zu etwa einem Drittel durch Energieexporte finanziert. Immerhin wurde das Genehmigungsverfahren der national wie international höchst umstrittenen, bereits fertiggestellten zweiten Ostsee-Pipeline Nord Stream 2 am 22. Februar gestoppt.

Sehr geehrte Bundestagsvizepräsidentin Göring-Eckardt, sehr geehrter Bundeskanzler Scholz, sehr geehrte Damen und Herren, sehr geehrte Abgeordnete, Gäste, Journalisten, sehr geehrtes deutsches Volk!

Ich wende mich an Sie nach drei Wochen der umfassenden russischen Invasion in die Ukraine, nach acht Jahren des Krieges im Osten meines Landes, im Donbass. Ich wende mich an Sie, während Russland unsere Städte bombardiert und alles zerstört, was es in der Ukraine gibt. Alles – Wohnhäuser, Krankenhäuser, Schulen, Kirchen. Mit Raketen, Fliegerbomben, Raketenartillerie.

In diesen drei Wochen sind Tausende Ukrainer gestorben. Die Besatzer haben 108 Kinder getötet. Mitten in Europa, in unserem Land, im Jahr 2022.

Ich wende mich an Sie nach zahlreichen Treffen, Verhandlungen, Erklärungen und Bitten. Nach Schritten zur Unterstützung, die zum Teil überfällig waren. Nach Sanktionen, die offensichtlich nicht ausreichen, um den Krieg zu stoppen. Und nachdem wir gesehen haben, wie viele Verbindungen Ihre Unternehmen weiterhin mit Russland unterhalten. Mit einem Staat, der Sie und einige andere Staaten benutzt, um den Krieg zu finanzieren.

In den drei Wochen des Krieges um unser Leben, um unsere Freiheit, konnten wir uns von dem überzeugen, was wir bereits früher gespürt haben. Und was Sie wahrscheinlich noch nicht alle bemerkt haben: Sie befinden sich wieder hinter einer Mauer. Es ist nicht die Berliner Mauer. Aber eine Mauer mitten in Europa. Zwischen Freiheit und Unfreiheit. Und diese Mauer wird immer stärker, mit jeder Bombe, die auf unseren Boden, auf die Ukraine fällt. Mit jeder Entscheidung für den Frieden, die nicht getroffen wird. Der Sie nicht zustimmen, obwohl sie helfen könnte.

Was ist geschehen?

Sehr geehrte Politiker, sehr geehrtes deutsches Volk! Wie ist das möglich? Als wir Ihnen sagten, dass Nord Stream eine Waffe ist und der Vorbereitung auf einen großen Krieg dient, bekamen wir zur Antwort, es sei doch nur Wirtschaft, Wirtschaft, Wirtschaft. Doch die Pipeline war der Zement für eine neue Mauer.

Als wir Sie fragten, was die Ukraine tun müsse, um NATO-Mitglied zu werden, um sicher zu sein, um Sicherheitsgarantien zu erhalten, bekamen wir zur Antwort, eine solche Entscheidung liege derzeit und in nächster Zukunft nicht auf dem Tisch. Ebenso wenig gebe es für uns einen Platz an diesem Tisch. Genauso zögern Sie immer noch bei der Frage nach dem Beitritt der Ukraine zur Europäischen Union. Offen gesagt: Für manche ist das Politik. Doch in Wahrheit sind es Steine. Steine für eine neue Mauer.

Als wir um präventive Sanktionen baten, appellierten wir an Europa, appellierten wir an viele Staaten. Wir appellierten an Sie. Wir baten um Sanktionen, die den Aggressor spüren lassen, dass Sie eine Kraft darstellen. Wir erlebten Zögerlichkeit. Wir spürten Widerstand. Wir verstanden, dass Sie die Wirtschaft, Wirtschaft, Wirtschaft fortführen wollen.

Jetzt sind die Handelsbeziehungen zwischen Ihnen und dem Staat, der einen neuen brutalen Krieg nach Europa gebracht hat, der Stacheldraht auf der Mauer. Auf der neuen Mauer, die Europa spaltet. Sie sehen nicht, was sich hinter dieser Mauer befindet. Doch sie steht zwischen uns, zwischen den Menschen in Europa. Deshalb sind sich nicht alle völlig im Klaren darüber, was wir heute durchmachen.

Ich wende mich im Namen der Ukrainer an Sie, im Namen der Bewohner von Mariupol – Zivilbewohner einer Stadt, die von russischen Truppen eingeschlossen ist und dem Erdboden gleichgemacht wird. Sie zerstören einfach alles. Alles und alle, die sich dort befinden. Hunderttausende Menschen befinden sich rund um die Uhr unter Beschuss. Ohne Nahrung, den ganzen Tag ohne Wasser, ohne Strom, den ganzen Tag ohne Nachrichtenverbindungen. Wochenlang.

Die russischen Truppen unterscheiden nicht zwischen Zivilisten und Militär. Es kümmert sie nicht, wo zivile Objekte sind. Für sie ist alles ein Ziel. Das Theater, in dem Hunderte Menschen Zuflucht gesucht hatten, ist gestern zerstört worden, eine Geburtsklinik, ein Kinderkrankenhaus, Wohnviertel ohne jegliche militärische Objekte – sie zerstören alles. Rund um die Uhr. Und sie lassen keine einzige humanitäre Lieferung in unsere abgeschnittene Stadt zu. Seit fünf Tagen stellen die russischen Truppen den Beschuss nicht ein – mit Absicht, um die Rettung unserer Menschen zu verhindern.

Sie könnten all das sehen, wenn Sie über diese Mauer klettern würden. Und wenn Sie sich daran erinnern, was die Berliner Luftbrücke für Sie bedeutete. Die verwirklicht werden konnte, weil der Himmel sicher war. Sie wurden nicht vom Himmel aus getötet, wie es jetzt in unserem Land geschieht, wo wir nicht einmal eine Luftbrücke aufbauen können! Wo nur russische Raketen und Fliegerbomben vom Himmel kommen.

Ich wende mich an Sie im Namen der älteren Ukrainer. Derjenigen, die den Zweiten Weltkrieg überlebt haben. Derjenigen, die der Besatzung vor achtzig Jahren entkommen sind. Derjenigen, die Babyn Jar überlebt haben. Babyn Jar, das Präsident Steinmeier im vergangenen Jahr besucht hat, am achtzigsten Jahrestag der Tragödie. Dort schlugen nun russische Raketen ein. Genau dort. Die Rakete tötete eine Familie, die auf dem Weg zu dem Denkmal in Babyn Jar war. Wieder wurde getötet – nach achtzig Jahren.

Ich wende mich an Sie im Namen aller, die die Politiker beteuern hörten: »Nie wieder!« Und die gesehen haben, dass diese Worte nichts wert sind. Denn erneut versucht man in Europa, ein ganzes Volk zu vernichten. Alles zu vernichten, von dem und für das wir leben.

Ich wende mich an Sie im Namen unserer Soldaten. Derjenigen, die unser Land verteidigen und damit auch die Werte, von denen überall in Europa häufig gesprochen wird – überall, auch in Deutschland. Freiheit und Gleichheit. Die Möglichkeit, frei zu leben, ohne sich einem anderen Staat zu unterwerfen, der fremden Boden als eigenen »Lebensraum« betrachtet. Warum verteidigen sie all dies ohne Ihre Führung? Ohne Ihre Macht? Warum sind uns Staaten in Übersee näher als Sie?

Weil es eine Mauer gibt. Eine Mauer, die einige nicht bemerken. Eine Mauer, an die wir hämmern, während wir kämpfen, um unser Volk zu retten.

Sehr geehrte Damen und Herren! Sehr geehrtes deutsches Volk! Mein Dank gilt allen, die uns unterstützen. Ich danke Ihnen. Den einfachen Deutschen, die in Ihrem Land Ukrainern helfen. Journalisten, die ihre Arbeit ehrlich verrichten und all das Böse zeigen, das Russland über uns gebracht hat. Ich danke den deutschen Geschäftsleuten, die Moral und Menschlichkeit über die Buchhaltung stellen. Über die Wirtschaft, Wirtschaft, Wirtschaft.

Und ich danke den Politikern, die sich weiter bemühen. Die sich bemühen, diese Mauer einzureißen. Die sich zwischen russischem Geld und dem Tod ukrainischer Kinder für das Leben entscheiden. Die sich für eine Verschärfung der Sanktionen gegen Russland einsetzen. Eine Verschärfung, die den Frieden garantieren könnte – Frieden für die Ukraine, Frieden für Europa. Die nicht zögern, Russland von SWIFT auszuschließen. Die wissen, dass ein Handelsembargo gegen Russland nötig ist. Und zwar gegen die Einfuhr von allem, was diesen Krieg finanziert. Die wissen, dass die Ukraine Teil der Europäischen Union sein wird. Denn die Ukraine ist bereits europäischer als viele andere.

Ich danke allen, die größer sind als alle Mauern. Und die wissen, dass der Stärkere auch mehr Verantwortung trägt, wenn es um die Rettung von Menschen geht. Es fällt uns schwer, ohne die Hilfe der Welt durchzuhalten, ohne Ihre Hilfe. Es ist schwer, die Ukraine zu verteidigen, Europa zu verteidigen, ohne das, was Sie dabei tun können. Damit Sie nicht auch nach diesem Krieg beschämt zurückblicken müssen – nachdem Charkiw zerstört wurde, zum zweiten Mal in achtzig Jahren. Nachdem Tschernihiw, Sumy und der Donbass zerbombt wurden, zum zweiten Mal in achtzig Jahren. Nachdem Tausende von Menschen gefoltert und getötet wurden, zum zweiten Mal in achtzig Jahren. Denn was bedeutet historische Verantwortung gegenüber dem ukrainischen Volk sonst? Verantwortung für das, was vor achtzig Jahren geschah und was bis heute nicht gesühnt wurde.

Und jetzt – damit keine neue entsteht, hinter der neuen Mauer, die wieder Sühne erforderte, wende ich mich an Sie und erinnere daran, was nötig ist: an die Dinge, ohne die Europa nicht überleben und seine Werte nicht bewahren kann.

Der ehemalige Schauspieler und Präsident der Vereinigten Staaten von Amerika Ronald Reagan sagte einmal in Berlin: »Tear down this wall!« Nun möchte ich zu Ihnen sagen: Herr Bundeskanzler Scholz! Reißen Sie diese Mauer nieder!

Geben Sie Deutschland die Führung, die es verdient und auf die Ihre Nachfahren stolz sein werden. Unterstützen Sie uns. Unterstützen Sie den Frieden. Unterstützen Sie alle Ukrainer. Stoppen Sie den Krieg! Helfen Sie uns, ihn zu stoppen!

Ruhm der Ukraine!

21

Das Vorgehen gegen die Kinder

An das Schweizer Parlament,
19. März 2022

190 000 Zivilisten werden über die humanitären Korridore evakuiert, obwohl diese häufig unter Beschuss seitens der russischen Truppen stehen. Am 16. März bombardieren russische Streitkräfte ein Theater in Mariupol, in dem Hunderte Familien Schutz gesucht haben – trotz der Aufschrift »KINDER«, die darauf hingewiesen hat. Die Zahl der toten Zivilisten steigt weiter an, insbesondere in Mykolajiw. In Tschernihiw fallen allein am 16. März 53 Menschen Bombenangriffen zum Opfer. Moskau gibt bekannt, Hyperschallraketen eingesetzt zu haben. Darüber hinaus führt Russland Zwangsdeportationen von Zivilisten auf russischem Gebiet durch. Zahlreiche ukrainische und ausländische Journalisten werden getötet.

Lieber Herr Präsident, lieber Ignazio!

Mein Gruß an alle Schweizer Freunde der Ukraine und an Ihr wunderbares Volk, das Volk der Schweiz. Ich bin Ihrem Volk dankbar für seine Unterstützung. Danke, dass Sie die Freiheit gemeinsam mit denen verteidigen, die sie in Ehren halten. Dies ist von größter Bedeutung.

Ein wichtiger Schritt von Ihrer Seite in Zeiten, in denen der Terror zur nationalen Grundlage einer der größten Mächte der Welt und zum Pfeiler seiner Außenpolitik wird; in Zeiten, in denen terroristische Verbrechen begangen werden, nicht nur von wenigen Parias, nicht nur von einer Gruppe von Einzelpersonen, nicht nur von einer Organisation, sondern von einem Staat, der zudem über ein Atomwaffenarsenal verfügt; in Zeiten, da ein ständiges Mitglied des Sicherheitsrats der Vereinten Nationen vorsätzlich alles zerstört, wofür die Vereinten Nationen einst gegründet wurden, indem es einen grausamen, blutigen und völlig sinnlosen Krieg gegen uns vom Zaun gebrochen hat.

Wir haben eine Chance. Und zwar die, dass wir nicht nur Russland, sondern auch jedem beliebigen anderen Aggressor, jedem Terroristenstaat zeigen, dass der Krieg nicht das Opfer zerstört, sondern denjenigen, der ihn führt. Und vielleicht ist dies die letzte Chance für die Menschheit, Kriege abzuschaffen. Den Staatsterror abzuschaffen.

Und das sage ich Ihnen. Ihnen, der Schweiz, einem Staat, der auf eine lange Geschichte des Friedens zurückblicken kann. Und auf eine noch längere Geschichte des Einflusses, eines in vielen Bereichen sogar entscheidenden Einflusses. Noch bevor ich Präsident wurde, stellte ich mir ein Leben vor, von dem ich wünschte, meine lieben Ukrainer könnten es genießen. Ich habe Ihr Land schon oft besucht und weiß sehr gut, wie Sie leben. Einmal hielt ich mich in der Nähe von Schloss Chillon auf und fragte einen Freund, mit dem ich zusammenarbeitete: »Warum können wir nicht so leben? Warum können wir nicht auch einen solchen Lebensstandard haben? Ein so hohes Niveau? Mit der gleichen Freiheit, einer ähnlichen gemeinschaftlichen Wärme, einem ähnlichen Vertrauen in die eigenen Kräfte?«

Mein aufrichtigster Wunsch war, die Ukrainer könnten wie die Schweizer leben. Damit wir gemeinsam darüber entscheiden können, was unser Leben ausmacht. Indem wir nichts von den leeren Worten der Politiker erwarten, sondern auf Referenden setzen. Damit wir trotz aller Finanzkrisen der Welt sicher sein können, dass unser Staat standhalten und weiter an der Spitze bleiben wird – an der Spitze des Vertrauens und der Stabilität. Ein Traum für alle, ob sie erfolgreich sind oder nicht; ganz einfach für alle. Damit die Ukrainer, so wie die Schweizer, das Gefühl haben, in wahren Gemeinschaften zu leben, die Wert auf das legen, was sie gemeinsam haben: das Gemeinwohl.

Vielleicht erscheint Ihnen das banal? Für uns sind das Reformen, die wir durchführen müssen. Es ist der Weg, den wir gehen und auch gehen wollen. Zu diesem Zweck haben wir Gesetze verabschiedet. Damit das alles funktioniert, haben wir für das Volk Möglichkeiten geschaffen, um schrittweise Ihren Lebensstandard zu erreichen.

Wir waren auf dem Weg dorthin – bis zu jenem schwarzen Tag. Bis zum 24. Februar, dem Tag, an dem die Russen massiv in unser Territorium, die Ukraine, einmarschierten. Und plötzlich wurde alles anders. Alles hat sich für jeden von uns in der Ukraine verändert. Und ich bin sicher, dass sich auch alles für jeden Europäer verändert hat. Dass sich für jede Demokratie auf der ganzen Welt alles verändert hat. Und dass sich auch für Sie alles verändert hat.

Ich bin dankbar, dass Sie mich in diesen schwierigen Zeiten unterstützt haben, dass Sie sich nicht herausgehalten, dass Sie nicht gesagt haben, es gehe Sie nichts an. Denn tatsächlich kann man unmöglich ignorieren, dass im 21. Jahrhundert, mitten im Herzen Europas, Hunderte von Raketen und Bomben friedliche Städte treffen. Man kann unmöglich ignorieren, dass das Militär des größten Staates der Welt (wenn auch nur der Fläche nach) seine ganze mörderische Macht einsetzt, um uns zu zerstören, um Krankenhäuser zu zerstören, um einfache Schulen, Kirchen, Universitäten, Entbindungsstationen und Wohngebiete zu zerstören. Man kann unmöglich gleichgültig bleiben, wenn Kinder getötet werden. Bis zum heutigen Tag hat die russische Armee 112 ukrainische Kinder getötet.

Dabei wollte ich doch, dass die Ukrainer wie die Schweizer leben. Andererseits möchte ich auch, dass Sie es wie die Ukrainer machen – im Kampf gegen das Böse. Damit keine Fragen bezüglich Ihrer Banken aufkommen. Ihrer Banken. Dort, wo all das Geld derjenigen deponiert ist, die diesen Krieg angezettelt haben.

Es ist schmerzhaft, es ist schwierig, aber es ist auch ein Kampf gegen das Böse: Man muss das Vermögen dieser Leute wie auch ihre Konten einfrieren. Dies ist ein großer Kampf, und Sie können ihn führen. Ich wünsche mir, dass Sie, genauso wie die Ukrainer, Schmerz empfinden, wenn Sie sehen, dass ganze Städte zerstört werden, friedliche Städte. Zerstört auf Befehl von Menschen, die selbst so gerne in Gemeinschaften leben, die sich von ihren eigenen unterscheiden, nämlich in europäischen, in den schönen Schweizer Gemeinschaften*. Sie besitzen Immobilien in Ihrem Land. Und es wäre gerecht, ihnen diese Privilegien zu entziehen. Ihnen das wegzunehmen, was sie uns wegnehmen.

Und ich möchte, dass Sie so handeln, wie es die Ukrainer bei ihren Geschäften tun. Bei Geschäften, die Sie trotz allem weiterhin mit und in Russland führen. Trotz dieses Krieges. Trotz all der ermordeten Kinder. Trotz der getöteten Menschen. Trotz der zerstörten Städte. Wie unsere Stadt Mariupol, das heldenhafte Mariupol, das zum Opfer einer wochenlangen Totalblockade wurde. Stellen Sie sich einmal vor: keine Lebensmittel, kein Wasser, kein Strom. Nur Bomben.

»Good food, good life«**, das ist der Werbeslogan von Nestlé. Einem Ihrer Unternehmen, das sich weigert, den Staat Russland zu verlassen. Auch jetzt noch, in einer Zeit, in der Russland andere europäische Länder bedroht, nicht nur uns. In einer Zeit, in der Russland eine nukleare Erpressung betreibt.

Volk der Schweizer, alles, was ich will, ist, dass Sie so werden wie wir, die Ukrainer. Ich will nicht, dass wir uns diese gemeinsame Chance entgehen lassen. Eine Chance, den Frieden wiederherzustellen und jedem Krieg in der Welt ein Ende zu setzen. Denn wer die Schweiz an seiner Seite hat, ist mit Sicherheit siegreich, und wer die Ukraine an seiner Seite hat, ist mit Sicherheit stark. Im vergange-

---

* Selenskyj bezieht sich offensichtlich auf die Mitglieder der russischen Elite, die Immobilien in der Schweiz besitzen.

**Gutes Essen, gutes Leben.

nen Jahr hatten wir uns im Prinzip auf eine große Konferenz mit Ihrem Präsidenten in Lugano geeinigt, es sollte um eine wirtschaftliche Transformation, um Reformen in der Ukraine gehen. Sie war für Juli anberaumt. Ebenso wie das bevorstehende Gipfeltreffen der führenden Politikerinnen und Politiker. Und ich glaube, ja, ich weiß, dass wir diese Konferenz abhalten können. Noch in diesem Jahr. Auf Ihrem Staatsgebiet. Für den Wiederaufbau und die Entwicklung der Ukraine. Damit Sie immer und immer wieder die Möglichkeit haben, das Beste von sich selbst zu zeigen. Im Namen derer, die für die Freiheit und für das Leben kämpfen. Dafür bin ich Ihnen dankbar. Ich bin der Schweiz dankbar.

Ruhm der Ukraine!

22
Die russische Verstrahlung

An das japanische Parlament,
23. März 2022

Mariupol leistet weiter Widerstand und verweigert die Ka-
pitulation. Eine Kunstschule, in der 400 Zivilisten unter-
gebracht sind, wird bombardiert. Der griechische Konsul in
Mariupol vergleicht die Stadt mit Guernica und Aleppo.
Kiew und Odessa stehen unter Beschuss. Es wird geschätzt,
dass inzwischen mehr als dreieinhalb Millionen Menschen
aus der Ukraine geflohen sind. Russland erklärt, es werde nur
im Falle einer »existenziellen Bedrohung« Atomwaffen ein-
setzen.

Lieber Herr Hosoda! Sehr geehrte Frau Santō! Herr Premierminister Kishida! Sehr geehrte Mitglieder des japanischen Parlaments! Liebes japanisches Volk!

Es ist für mich, den Präsidenten der Ukraine, eine
große Ehre, erstmals in der Geschichte des japanischen
Parlaments zu Ihnen zu sprechen. Unsere Hauptstädte
sind durch eine Entfernung von 8193 Kilometern ge-
trennt. Im Durchschnitt dauert die Reise mit dem Flug-
zeug fünfzehn Stunden, das hängt von der Route ab. Aber
wie groß ist die Entfernung zwischen unseren Gefühlen

von Freiheit? Zwischen unserem Verlangen nach Leben? Zwischen unseren Hoffnungen auf Frieden?

Am 24. Februar habe ich keinen Abstand gesehen. Nicht einmal einen Millimeter zwischen unseren Hauptstädten. Nicht einmal eine Sekunde zwischen unseren Gefühlen. Denn Sie sind uns sofort zu Hilfe gekommen. Und dafür bin ich Ihnen dankbar. Als Russland den Frieden für die gesamte Ukraine zerstörte, haben wir sofort gesehen, dass die Welt wirklich gegen den Krieg ist. Wirklich für die Freiheit. Wirklich für die globale Sicherheit. Wirklich für die harmonische Entwicklung jeder Gesellschaft. Japan hat sich in Asien an die Spitze dieser Position gesetzt. Sie haben sofort damit begonnen, sich für die Beendigung dieses brutalen Krieges einzusetzen, der durch die Russische Föderation vom Zaun gebrochen wurde. Sie haben sofort begonnen, sich für den Frieden in der Ukraine einzusetzen. Und somit auch in Europa. Das ist wirklich sehr wichtig. Es ist wichtig für alle Menschen auf der Erde. Denn ohne Frieden für die Ukraine wird kein Mensch auf der Welt mit Zuversicht in die Zukunft blicken können.

Jeder von Ihnen weiß, was Tschernobyl bedeutet. Es ist ein Kernkraftwerk in der Ukraine, in dem es 1986 zu einer gewaltigen Explosion kam. Strahlung wurde freigesetzt. Die Folgen waren in verschiedenen Teilen der Welt zu spüren. Die Dreißig-Kilometer-Zone um das Kraftwerk ist immer noch gesperrt. Sie ist gefährlich. Bei der Beseitigung der Folgen dieser Explosion wurden Tausende von Tonnen kontaminierter Materialien, Trümmer und Autos in den Wäldern des Sperrgebiets entsorgt, einfach vor Ort gelassen. Am 24. Februar fuhren russische

Panzerfahrzeuge durch dieses Gebiet. Sie wirbelten radio-aktiven Staub in die Luft. Das Kraftwerk Tschernobyl wurde eingenommen, mit Gewalt, mit Waffen. Stellen Sie sich ein Kernkraftwerk vor, in dem sich eine Katastrophe ereignet hat. Eine Absperrung, die den zerstörten Reaktor verschließt. Ein in Betrieb befindliches Atommülllager. Russland hat auch diese Anlage in einen Kriegsschauplatz verwandelt. Und Russland nutzt dieses Territorium, diese Sperrzone, um neue Angriffe gegen unsere Verteidigungs-kräfte vorzubereiten.

Es wird Jahre dauern, nachdem die russischen Truppen die Ukraine verlassen haben, um die Schäden zu unter-suchen, die sie in Tschernobyl angerichtet haben. Welche Entsorgungsstätten für radioaktive Stoffe beschädigt wur-den. Wie sich der radioaktive Staub auf der Erde verteilt hat.

Meine Damen und Herren, in unserem Land sind vier Atomkraftwerke in Betrieb! Mit insgesamt fünfzehn Atomanlagen. Sie alle sind bedroht. Russische Truppen haben bereits mit Panzern auf das Atomkraftwerk Sapo-rischschja, das größte in Europa, geschossen. Die Kämpfe haben Hunderte von Anlagen beschädigt, viele von ihnen sind sehr gefährlich. Der Beschuss bedroht Gas- und Öl-pipelines. Er bedroht Steinkohlebergwerke.

Neulich beschossen russische Truppen eine Chemie-fabrik in der Region Sumy in der Ukraine. Dort ist Am-moniak ausgetreten. Wir werden vor möglichen chemi-schen Angriffen gewarnt, insbesondere vor dem Einsatz von Sarin, so wie es in Syrien der Fall war. Und eines der wichtigsten Diskussionsthemen der Weltpolitiker ist die Frage, wie man reagieren soll, wenn Russland auch Atomwaffen einsetzt. Das Vertrauen aller Menschen in der Welt, in jedem Land, ist restlos zerstört.

Unsere Soldaten verteidigen die Ukraine bereits seit 28 Tagen heldenhaft. 28 Tage der Invasion durch den größten Staat der Welt. Aber er ist nicht der größte, was sein Potenzial angeht. Nicht der einflussreichste. Und vom moralischen Standpunkt aus gesehen sogar der kleinste.

Russland hat mehr als tausend Raketen gegen friedliche Städte in der Ukraine eingesetzt. Unzählige Bomben. Russische Truppen haben Dutzende unserer Städte zerstört. Einige wurden bis auf die Grundmauern niedergebrannt. In vielen Städten und Dörfern, die unter russische Besatzung geraten sind, können unsere Menschen nicht einmal ihre ermordeten Verwandten, Freunde und Nachbarn in Würde beerdigen. Sie müssen sie in den Hinterhöfen ihrer zerstörten Häuser, in der Nähe von Straßen begraben und überall dort, wo es möglich ist …

Tausende von Menschen wurden getötet, darunter 121 Kinder. Etwa neun Millionen Ukrainer wurden gezwungen, auf der Flucht vor den russischen Truppen ihr Zuhause, ihre Heimat zu verlassen. Unsere nördlichen, östlichen und südlichen Gebiete werden immer leerer, weil die Menschen vor dieser tödlichen Bedrohung fliehen. Russland hat sogar das Meer für uns blockiert, traditionelle Handelswege. Es zeigt dadurch anderen – potenziellen – Aggressoren der Welt, wie man freie Nationen unter Druck setzt: indem man die Seeschifffahrt blockiert.

Meine Damen und Herren, heute sind es die Ukraine, die Partnerstaaten und unsere Antikriegskoalition, die garantieren können, dass die Weltsicherheit nicht völlig verloren geht. Dass es in der Welt einen Ort für die Freiheit der Völker geben wird. Für die Menschen und für den Erhalt der Vielfalt in den Gesellschaften. Für die Sicherheit der Grenzen. Damit wir, unsere Kinder, unsere Enkelkinder weiterhin Frieden erleben. Sie sehen, dass die internationalen Institutionen nicht funktioniert haben. Selbst die UNO und der Sicherheitsrat ... Was können sie tun? Sie müssen reformiert werden. Sie brauchen eine Spritze Ehrlichkeit. Um effektiv zu werden. Um wirkliche Entscheidungen zu fällen und wirklich Einfluss zu nehmen, nicht nur zu diskutieren.

Durch den Krieg Russlands gegen die Ukraine ist die Welt destabilisiert. Sie steht an der Schwelle zu vielen neuen Krisen. Und wer weiß heute schon, was morgen sein wird?

Die Turbulenzen auf den Weltmärkten sind ein Problem für alle Länder, die auf Rohstoffeinfuhren angewiesen sind. Die Herausforderungen in den Bereichen Umwelt und Ernährung sind so groß wie nie zuvor. Und vor allem entscheidet sich jetzt, ob alle Aggressoren auf dem Planeten – explizite und potenzielle – davon überzeugt werden, dass Krieg zu einer so starken Bestrafung führen wird, dass sie erst gar keinen Krieg beginnen sollten. Dass sie die Welt nicht zerstören sollten. Und es ist absolut logisch und richtig, dass sich die verantwortlichen Staaten zusammenschließen, um den Frieden zu schützen.

Ich bin Ihrem Staat dankbar für seine prinzipientreue Haltung in einem so historischen Moment. Für die echte Hilfe für die Ukraine. Sie waren die Ersten in Asien, die echten Druck auf Russland ausgeübt haben, um den Frieden wiederherzustellen. Sie haben die Sanktionen gegen Russland unterstützt. Und ich ersuche Sie dringend, dies auch weiterhin zu tun.

Ich rufe zu gemeinsamen Anstrengungen der asiatischen Länder, Ihrer Partner, auf, um die Situation zu stabilisieren. Damit Russland den Frieden sucht und den Tsunami seines brutalen Überfalls auf unseren Staat, die Ukraine, stoppt. Es ist notwendig, ein Embargo gegen den Handel mit Russland zu verhängen. Es ist notwendig, Unternehmen vom russischen Markt abzuziehen, damit das Geld nicht an die russische Armee fließt. Es ist notwendig, unserem Staat, unseren Verteidigern, unseren Soldaten, die die russischen Truppen zurückhalten, noch mehr zu helfen. Es ist notwendig, schon jetzt an den Wiederaufbau der Ukraine zu denken. An die Rückkehr des Lebens in die von Russland zerstörten Städte und in die von Russland verwüsteten Gebiete.

Die Menschen müssen dorthin zurückkehren, wo sie vorher gelebt haben. Wo sie aufgewachsen sind. Wo sie sich zu Hause fühlen. In ihr kleines Heimatland. Ich bin sicher, Sie verstehen dieses Gefühl. Dieses Bedürfnis. Das Bedürfnis, in sein Land zurückzukehren.

Wir müssen neue Sicherheitsgarantien entwickeln. Damit es möglich ist, bei jeder Bedrohung des Friedens präventiv und entschlossen zu handeln. Ist dies auf der Grundlage der bestehenden internationalen Strukturen möglich? Nach einem solchen Krieg – definitiv nicht. Wir müssen neue Instrumente schaffen. Neue Garantien. Die präventiv und stark gegen jede Aggression wirken. Das nur wird wahrhaft hilfreich sein. Japans Führung kann bei der Entwicklung dieser Instrumente unverzichtbar sein –

für die Ukraine, für die Welt. Ich schlage Ihnen dies vor. Damit die Welt wieder Vertrauen fassen kann. Vertrauen in das Morgen. Vertrauen in eine stabile und friedliche Zukunft. Für uns, für künftige Generationen.

Meine Damen und Herren! Japanerinnen und Japaner! Gemeinsam mit Ihnen können wir viel erreichen. Sogar mehr, als wir uns vorstellen können. Ich weiß, welch glänzende Entwicklungsgeschichte Sie haben. Wie Sie Harmonie aufbauen und verteidigen können. Folgen Sie diesen Prinzipien, und schätzen Sie das Leben. Schützen Sie die Umwelt. Die Wurzeln dafür liegen in Ihrer Kultur. Die die Ukrainer wirklich lieben. Meine Worte sind nicht leer, sie sind wahr.

Im Jahr 2019, ganze sechs Monate nachdem ich Präsident der Ukraine geworden war, nahm meine Frau Olena an einem Projekt für Kinder mit Sehbehinderungen teil. Es war ein Projekt zur Erstellung von Hörbüchern. Sie hat dabei japanische Märchen vertont, auf Ukrainisch. Weil sie für uns, für unsere Kinder, verständlich sind. Und das war nur ein Tropfen im riesigen Meer unserer Aufmerksamkeit, der ukrainischen Aufmerksamkeit, für Ihre Errungenschaften.

Wir haben ähnliche Werte wie Sie, trotz der großen Entfernung zwischen unseren Ländern. Eine Entfernung, die nicht wirklich existiert. Denn wir haben beide gleichermaßen empfindungsvolle Herzen. Dank gemeinsamer Anstrengungen, dank eines noch größeren Drucks auf Russland, werden wir zum Frieden kommen. Und wir werden in der Lage sein, unser Land wiederaufzubauen. Wir werden die internationalen Institutionen reformieren. Ich bin sicher, dass Japan dann an unserer Seite sein wird – so wie schon jetzt in unserer Antikriegskoalition. In dieser für uns alle entscheidenden Zeit.

Ich danke Ihnen! Arigato gozaimasu!

Ruhm der Ukraine! Ruhm für Japan!

23

Werte sind wichtiger als Profit

An das französische Parlament,
23. März 2022

Frankreich hat seit dem Beginn der russischen Invasion versucht, eine Vermittlerrolle zu übernehmen. Präsident Macron forderte von Präsident Putin einen sofortigen Waffenstillstand, jedoch ohne Erfolg. Die Zahl der Todesopfer steigt immer weiter, und seit Beginn des Konflikts wurden 121 Kinder getötet. Die Präsenz französischer Unternehmen in Russland ist Gegenstand einer internationalen Kontroverse – Präsident Selenskyj ruft zum Boykott von Renault, Leroy Merlin und Auchan auf. Nach seiner Rede vor dem Parlament kündigt Renault die Schließung seines Werks in Moskau und TotalEnergies die Einstellung des Kaufs von Öl sowie sämtlicher Ölprodukte aus Russland an.

Meine Damen und Herren Senatoren! Meine Damen und Herren Abgeordneten! Mitglieder des Stadtrats von Paris! Französisches Volk!

Ich danke Ihnen für die Ehre, heute zu Ihnen sprechen zu dürfen.

Ich bin sicher, dass Sie sehr gut wissen, was in der Ukraine geschieht. Sie wissen, warum das so ist. Und Sie wissen, wer die Schuld daran trägt. Selbst diejenigen, die den Kopf in den Sand stecken, wissen es, und auch die, deren Hände immer noch versuchen, Geld von Russland zu bekommen, wissen es.

Deshalb wende ich mich heute an Sie. Ehrlich, mutig, vernünftig und freiheitsliebend. Ich wende mich mit Fragen an Sie: Wie kann der Krieg beendet werden? Wie können wir den Frieden in unserem Land wiederherstellen? Denn die meisten Puzzleteile, aus denen sich die Antwort zusammensetzt, liegen in Ihren Händen.

Am 9. März wurden russische Bomben auf ein Kinderkrankenhaus und eine Entbindungsklinik in unserer Stadt Mariupol abgeworfen. Es war eine friedliche Stadt im Süden der Ukraine. Absolut friedlich – bis russische Truppen anrückten und sie wie im Mittelalter belagerten. Bis sie begannen, die Menschen mit Hunger und Durst zu quälen und mit Feuer zu töten.

In der Entbindungsklinik, auf die die Russen Bomben warfen, waren Menschen. Es waren Frauen in den Wehen. Die meisten von ihnen wurden gerettet, einige wurden schwer verletzt.

Einer Frau musste der Fuß amputiert werden, da er völlig zerschmettert war. Und eine andere Frau ... Sie hatte ein zertrümmertes Becken. Ihr Kind starb vor der Geburt. Die Ärzte versuchten, die Frau zu retten. Sie kämpften um ihr Leben! Aber sie flehte die Ärzte an, sie sterben zu lassen. Sie flehte sie an, sie aufzugeben, ihr nicht zu helfen. Denn sie wusste nicht, wofür sie leben sollte. Die Ärzte kämpften – die Frau starb. In der Ukraine, in Europa, im Jahr 2022. Als Hunderte von Millionen Menschen nicht einmal daran denken konnten, dass es hier so etwas geben könnte; dass die Welt so zugrunde gerichtet werden könnte.

Ich bitte Sie nun, mit einer Schweigeminute das Andenken an Tausende ukrainischer Männer und Frauen zu ehren, an alle, die infolge des russischen Einmarsches in das Gebiet unserer friedlichen Ukraine getötet wurden.

Nach der wochenlangen russischen Invasion ähneln Mariupol und andere ukrainische Städte, die von den Besatzern heimgesucht wurden, den Ruinen von Verdun. Wie auf den Fotos des Ersten Weltkriegs, die sicher jeder von Ihnen gesehen hat. Den russischen Streitkräften ist es egal, welche Ziele sie angreifen, sie zerstören alles: Wohnviertel, Krankenhäuser, Schulen, Universitäten. Lagerhäuser mit Lebensmitteln und Medikamenten werden verbrannt. Sie verbrennen alles. Begriffe wie »Kriegsverbrechen« und »verbindliche Konventionen« sind ihnen völlig gleichgültig. Sie haben den Terror in die Ukraine gebracht, Staatsterror. Jeder Einzelne von Ihnen weiß das. Alle Informationen sind verfügbar, alle Fakten liegen vor. Über die Vergewaltigung von Frauen durch das russische Militär in den vorübergehend besetzten Gebieten. Über Flüchtlinge, die auf der Straße erschossen werden. Über Journalisten, die von russischen Soldaten getötet werden, weil jene wissen, dass sie Journalisten sind. Über alte Menschen, die den Holocaust überlebt haben und nun gezwungen sind, sich vor russischen Angriffen auf friedliche Städte in Luftschutzräume zu retten. Seit rund achtzig Jahren hat Europa nicht mehr erlebt, was jetzt in der Ukraine geschieht. Das liegt am Handeln Russlands. Wenn es Menschen gibt, die so verzweifelt sind, dass sie um den eigenen Tod betteln! Wie diese Frau.

2019, als ich Präsident wurde, gab es bereits das Normandie-Format, ein Format für Verhandlungen mit Russland, die den Krieg im Donbass beenden sollten, den Krieg in der Ostukraine, der leider schon acht Jahre andauert. Nur vier Länder nahmen am Normandie-Format teil: die Ukraine, Russland, Deutschland und Frankreich. Vier Länder, aber durch sie war die ganze Welt, waren alle Positionen vertreten. Es gab Menschen, die diesen Prozess unterstützten. Und es gab solche, die versuchten, diesen Prozess zu verzögern. Sie wollten alles ruinieren. Aber es schien wichtig, dass die Welt an diesem Tisch in der Normandie, dem Tisch des Friedens, immer präsent war. Und als die Verhandlungen zu einem Ergebnis führten, als es uns gelang, Menschen aus der Gefangenschaft zu befreien, als wir uns im Dezember 2019 auf bestimmte Entscheidungen einigen konnten, war das wie ein Hauch von frischer Luft. Wie ein Hoffnungsschimmer, dass die Gespräche mit Russland helfen können. Dass die russische Führung mit Worten überzeugt werden könnte, damit Moskau sich für den Frieden entscheidet.

Doch dann kam der 24. Februar. Der Tag, der all diese Bemühungen zunichtemachte. Für uns alle. Er zerstörte die alte Bedeutung des Wortes »Dialog«. Er hat die europäische Erfahrung mit den Beziehungen zu Russland zunichtegemacht. Er zerstörte Jahrzehnte europäischer Geschichte. All dies wurde von russischen Truppen bombardiert. Zerstört durch russische Artillerie. Verbrannt durch russische Raketenangriffe. Die Wahrheit wurde in den Büros nicht gefunden. Also müssen wir sie jetzt auf dem Schlachtfeld suchen und finden.

Und was nun? Was haben wir noch? Unsere Werte.

Unsere Einigkeit. Und die Entschlossenheit, unsere Freiheit zu verteidigen. Unsere gemeinsame Freiheit! Freiheit für Paris und Kiew. Für Berlin und Warschau. Für Madrid und Rom, Brüssel und Bratislava.

Einmal tief frische Luft einatmen hilft jetzt bestimmt nicht mehr. Es ist nun sinnvoll, gemeinsam zu handeln, gemeinsam Druck auszuüben, um Russland zu zwingen, den Frieden zu suchen.

Am 24. Februar hat sich das ukrainische Volk vereinigt. Heute gibt es kein rechts oder links mehr. Wir schauen nicht darauf, wer an der Macht ist und wer in der Opposition. Die übliche Politik endete am Tag der russischen Invasion und wird erst wieder aufgenommen, wenn Frieden herrscht.

Und das ist auch richtig – um für das Leben zu kämpfen. Um unseren Staat zu schützen. Wir sind Ihnen dankbar; wir sind dankbar, dass Frankreich hilft. Wir sind dankbar für die Bemühungen von Präsident Macron. Er hat wahre Führungsstärke gezeigt. Wir kommunizieren ständig mit ihm. Und es stimmt, wir stimmen einige unserer Schritte ab. Die Ukrainer erkennen, dass Frankreich die Freiheit so wertschätzt, wie dies schon immer der Fall war. Und Sie schützen die Freiheit. Sie erinnern sich daran, was das ist: Freiheit, Gleichheit, Brüderlichkeit. Jedes dieser Worte ist für Sie voller Kraft! Ich spüre es. Die Ukrainer spüren es.

Deshalb erwarten wir von Ihnen, erwarten wir von Frankreich, von Ihrer Führung, dass Sie Russland dazu bringen können, Frieden zu schließen. Damit es diesen Krieg gegen die Freiheit beendet, gegen die Gleichheit, gegen Brüderlichkeit. Gegen alles, was Europa geeint und so reich an freiem, vielfältigem Leben gemacht hat. Wir erwarten von Frankreich, von Ihrer Führung, dass die territoriale Integrität der Ukraine wiederhergestellt wird. Gemeinsam können wir dies schaffen.

Während es unter den Anwesenden einige gibt, die noch daran zweifeln, so ist Ihr Volk sich bereits sicher, wie andere Nationen Europas auch. Auch dessen, dass während der französischen Präsidentschaft in der Europäischen Union eine längst überfällige historische Entscheidung getroffen wird – über die Vollmitgliedschaft der Ukraine in Europa und der EU. Eine historische Entscheidung in historischer Zeit. So wie es in der Geschichte des französischen Volkes immer der Fall war.

Meine Damen und Herren! Volk der Franzosen! Morgen werden die Ukrainer seit einem Monat für ihr eigenes Leben, für ihre eigene Freiheit kämpfen, sich unsere Armee heldenhaft der Übermacht Russlands entgegenstelen. Doch wir brauchen mehr Hilfe! Wir brauchen mehr Unterstützung! Damit die Freiheit nicht verliert, muss sie gut bewaffnet sein. Panzer und Panzerabwehrwaffen, Flugzeuge und Luftabwehr, all das brauchen wir! Sie können uns helfen. Das weiß ich. Sie können es!

Damit die Freiheit nicht verliert, muss die Welt sie mit Sanktionen gegen den Aggressor unterstützen. Jede Woche ein neues Sanktionspaket. Jede Woche! Französische Unternehmen müssen den russischen Markt verlassen – Renault, Auchan, Leroy Merlin und andere. Sie müssen aufhören, die russische Militärmaschinerie, die Tötung von Kindern und Frauen, die Vergewaltigung, den Raub und die Plünderung durch die russische Armee zu unterstützen. Alle Unternehmen müssen sich ein für alle Mal daran erinnern, dass Werte wichtiger sind als Profit. Vor allem Profit, der auf Blut beruht.

Und wir müssen schon jetzt an die Zukunft denken. Daran, wie wir nach diesem Krieg leben werden. Wir brauchen Garantien. Starke Garantien. Garantien, dass die Sicherheit unerschütterlich sein wird, dass es keinen Krieg geben, dass Krieg grundsätzlich unmöglich sein wird.

Wir sind dabei, ein solches System von Garantien zu schaffen, ein neues Sicherheitssystem, in dem Frankreich, wie ich glaube, eine führende Rolle spielen wird. Damit nie wieder jemand um seinen Tod betteln muss! Damit die Menschen ihr Leben leben können. Ein erfülltes Leben. Und damit wir uns von den Menschen nicht unter Bomben verabschieden, nicht im Krieg, sondern dann, wenn die Zeit dafür gekommen ist. Nur in Frieden. Nur in Würde. Denn man muss so leben, dass man respektiert wird. Damit man sich an Sie erinnert. Und damit man sich von Ihnen so verabschiedet, wie Frankreich sich von dem großen Belmondo verabschiedet hat.

Danke, Frankreich!
Ruhm der Ukraine!

24

Die Freiheit muss besser bewaffnet sein als die Tyrannei

An die Ukrainer,
30. März 2022

Während es zunächst so aussieht, als würde die russische Armee, deren Unvorbereitetheit offensichtlich ist und deren Erfolge ungewiss sind, den Rückzug antreten, vollzieht sie einen merklichen Strategiewechsel. Beobachter fragen sich, ob es sich dabei nicht um ein plumpes Manöver handelt: Kiew, von dem sich die russische Armee eigentlich zurückziehen sollte, wird weiterhin bombardiert; die Rückeroberung einiger umliegender Städte durch die ukrainische Armee lässt mutmaßliche Kriegsverbrechen zutage treten. Was nach über einem Monat Krieg zweifelsfrei feststeht, ist der Kampfgeist der ukrainischen Armee, die keineswegs binnen drei Tagen zusammenbricht, wie die Russen zu hoffen schienen, sondern sich behauptet.

Liebe Ukrainerinnen und Ukrainer!

Heute habe ich nur wenig Worte, wenig Zeit, dafür viele Gefühle und noch mehr Aufgaben. Wir stehen an einem Wendepunkt, an dem wir nur über das Wichtigste sprechen können und sollten.

Ja, es gibt einen laufenden Verhandlungsprozess. Aber das sind noch Worte. Bislang gibt es nichts Konkretes. Es gibt auch andere Aussagen, andere Hinweise über den angeblichen Rückzug der russischen Truppen aus Kiew und Tschernihiw. Über die angebliche Verringerung der Aktivitäten der Besatzer in diesen Gebieten. Wir wissen aber, dass es sich dabei nicht um einen Abzug handelt, sondern dass das eine Folge der Vertreibung ist. Es ist die Folge der Anstrengung unserer Verteidiger. Aber wir sehen auch, dass es gleichzeitig eine Ansammlung russischer Truppen für neue Angriffe im Donbass gibt. Und darauf bereiten wir uns vor.

Wir glauben niemandem – wir trauen keinen schönen Worthülsen. Es gibt eine reale Situation auf dem Schlachtfeld. Und das Wichtigste: Wir werden nichts aufgeben. Wir werden um jeden Meter unseres Landes, für jeden unserer Landsleute kämpfen. In der gegenwärtigen Situation unseres Staates sollte es keine Diskussionen geben, an die sich die Gesellschaft und unsere Politiker in Friedenszeiten gewöhnt haben. Wenn jemand vorgibt, unseren Streitkräften beibringen zu können, wie man kämpft, wie man sich dem Feind widersetzt, dann sollte man das am besten direkt auf dem Schlachtfeld tun, nicht vom heimischen Sessel aus oder von dem Ort aus, den man zur Sicherheit aufgesucht hat, sondern dort, wo die Feindseligkeiten tatsächlich stattfinden. Wenn Sie dazu nicht bereit sind, sollten Sie gar nicht erst anfangen, unsere Verteidiger zu belehren.

Heute war ein sehr aktiver diplomatischer Tag für mich, ein schwieriger Tag. Die Prioritäten sind bekannt. Es gibt drei: Waffen für die Ukraine, neue Sanktionen gegen Russland und finanzielle Unterstützung für unseren Staat.

Es fand ein Gespräch mit US-Präsident Biden statt. Es war sehr ausführlich und hat eine Stunde gedauert. Natürlich habe ich mich bei den Vereinigten Staaten für ein neues humanitäres Hilfspaket in Höhe von einer Milliarde Dollar und die zusätzlichen 500 Millionen Dollar an direkter Budgethilfe bedankt. Ich habe auch betont, dass jetzt ein Wendepunkt gekommen ist, und Präsident Biden gesagt, was die Ukraine braucht. Ich war ihm gegenüber so aufrichtig wie möglich. Die Unterstützung durch die Vereinigten Staaten ist für uns lebenswichtig. Jetzt ist es besonders wichtig, der Ukraine unter die Arme zu greifen, um die ganze Kraft der demokratischen Welt zu zeigen. Und wenn wir gemeinsam für die Freiheit kämpfen wollen, dann bitten wir unsere Partner ... Und wenn wir wirklich gemeinsam für die Freiheit und den Schutz der Demokratien kämpfen, haben wir das Recht, in diesem entscheidenden, schwierigen Moment Hilfe zu verlangen. Panzer, Flugzeuge, Artilleriesysteme ... Die Freiheit darf nicht schlechter bewaffnet sein als die Tyrannei. Darüber habe ich heute auch in einer Rede vor dem norwegischen Parlament und Volk gesprochen. Zu einem der Staaten, die uns maßgeblich unterstützt haben. Ich habe zu mehr Hilfe für die Ukraine aufgerufen, auch mit Waffen und Sanktionen gegen Russland.

Ich habe heute auch mit dem Präsidenten von Ägypten und dem Kronprinzen der Vereinigten Arabischen Emirate gesprochen. Ich habe mein Bestes getan und werde es auch weiterhin tun, damit sich unser Volk verteidigen kann, bis die Gerechtigkeit wiederhergestellt ist, auf ukrainischem Boden und in der Schwarzmeerregion. Dies ist unser grundlegendes Interesse. Es geht um unser Überleben. Für das Überleben des ukrainischen Volkes kämpfen wir jetzt. In diesem Krieg, der ohne Übertreibung ein Vaterländischer Krieg gegen Russland ist.

Nun möchte ich noch ein paar wichtige Dinge erwähnen. Erstens: Es gibt Menschen, die mit allen zusammenarbeiten, um den Staat zu verteidigen, damit die Ukraine ihre Zukunft erhalten kann. Wir schätzen die Arbeit eines jeden dieser Menschen. Und es gibt solche, die Zeit verschwenden und nur arbeiten, um im Amt zu bleiben. Heute habe ich den ersten Erlass zur Abberufung einer solchen Person unterzeichnet. Eines Botschafters der Ukraine, aus Marokko. Auch der Botschafter aus Georgien wurde abberufen. Bei allem Respekt: Wenn es dort keine Waffen, keine Sanktionen, keine Beschränkungen für russische Unternehmen gibt – dann suchen Sie sich bitte einen anderen Job.

Ich erwarte in den kommenden Tagen konkrete Ergebnisse von unseren Repräsentanten in Lateinamerika, dem Nahen Osten, Südostasien und Afrika. Die gleichen Ergebnisse erwarte ich in den nächsten Tagen von den Militärattachés. Die diplomatische Front ist eine der wichtigsten Fronten. Jeder dort muss so effizient wie möglich arbeiten, um erfolgreich zu sein und der Armee zu helfen. Jeder an der diplomatischen Front muss genauso arbeiten wie jeder einzelne unserer Verteidiger auf dem Schlachtfeld.

Der zweite Punkt: Traditionell habe ich heute, bevor ich diese Rede gehalten habe, auf Ersuchen des Oberbefehlshabers einen Erlass über staatliche Auszeichnungen für unser Militär unterzeichnet. 122 Verteidiger sind es, 23 von ihnen werden posthum ausgezeichnet. Ewiges Gedenken an alle, die für die Ukraine gestorben sind! Ewiger Ruhm für alle unsere Helden!

Ruhm der Ukraine!

Chronologie

24. August 1991: Unabhängigkeit der Ukraine.

5. Dezember 1994: Ratifizierung des Budapester Memorandums.

November 2004–Januar 2005: Orange Revolution.

November 2013–Februar 2014: Proeuropäische Demonstrationen des Euromaidan.

April 2014: Beginn des Donbass-Kriegs.

5. September 2014: Unterzeichnung des Minsker Protokolls.

11. Februar 2015: Unterzeichnung des Minsk-II-Abkommens.

21. April 2019: Wahl von Wolodymyr Selenskyj zum Präsidenten der Ukraine.

Januar–Februar 2022: Massierung russischer Truppen an der Grenze zur Ukraine.

21. Februar 2022: Anerkennung der separatistischen Volksrepubliken Donezk und Luhansk durch die Russische Föderation.

24. Februar: Beginn der Invasion der Ukraine durch die russische Armee.

24./25. Februar: Die russischen Streitkräfte marschieren in Melitopol und Sumy ein. In Sumy kommt es zu heftigen Kämpfen. Beginn der Belagerungen von Mariupol, Charkiw und Tschernihiw.

26. Februar: Ausschluss einiger russischer Banken aus dem SWIFT-Kommunikationssystem; Sperrung der Auslandsreserven der russischen Zentralbank in den Partnerländern der Ukraine.

28. Februar: Erste Gespräche zwischen den Kriegsparteien an der Grenze zu Belarus.

1. März: Bombardierung des Freiheitsplatzes von Charkiw. Intensivierung der Angriffe auf die Zivilbevölkerung, insbesondere in Mariupol und Charkiw.

3. März: Zweite Sitzung der Gespräche. Die beiden Parteien einigen sich auf die Öffnung humanitärer Korridore. In den folgenden Tagen werden die Korridore von den russischen Streitkräften geschlossen.

4. März: Eine russische Rakete schlägt auf dem Gelände des Atomkraftwerks Saporischschja ein.

7. März: Die Umzingelung von Kiew wird im Süden der Stadt verstärkt.

8. März: Präsident Selenskyj erklärt, er wolle nicht länger darauf bestehen, dass die Ukraine Mitglied der NATO werde.

9. März: Bombardierung eines Kinderkrankenhauses und einer Entbindungsstation im belagerten Mariupol. 2007 tote Zivilisten in Mariupol.

12. März: Demonstration der Einwohner von Melitopol gegen die Entführung ihres Bürgermeisters durch die Russen am Vortag. Er wird am 16. März freigelassen.

16. März: Die Russen bombardieren das Theater in Mariupol trotz des dort angebrachten Hinweises auf »KINDER«. Präsident Selenskyj wendet sich an den US-Kongress, kurz darauf erhöhen die USA ihre Hilfe für die Ukraine um 800 Millionen US-Dollar auf insgesamt eine Milliarde US-Dollar.

22. März: Russland kündigt an, Atomwaffen nur im Falle einer »existenziellen Bedrohung« einzusetzen.

24. März: Russische Truppen erreichen das Zentrum von Mariupol.

26. März: Der russische Generalstab gibt bekannt, die erste Etappe seiner militärischen Ziele sei bewältigt und die Armee Russlands werde sich auf die Befreiung des

Donbass konzentrieren. Die ukrainischen Behörden äußern Zweifel an der Glaubwürdigkeit dieser Ankündigung.

28. März: In einigen Regionen hat die ukrainische Armee russische Einheiten zurückgeschlagen. Die *Nowaja Gaseta*, eine der letzten unabhängigen russischen Zeitungen, setzt ihre Veröffentlichung vor dem Hintergrund der allgemeinen Zensur der russischen Medien aus.

1. April: Abschluss eines humanitären Abkommens über die Evakuierung der Zivilbevölkerung in Mariupol. Schätzungen zufolge halten sich dort noch 100 000 Zivilisten auf. Russland beschuldigt die Ukraine, einen Überfall auf sein Territorium – ein Öllager in Belgorod – durchgeführt zu haben.

2. April: Rückzug der russischen Truppen aus Butscha und Irpin in der Oblast Kiew. Die ukrainischen Behörden beschuldigen die russischen Truppen nach der Entdeckung von Leichen auf öffentlichen Straßen und in Massengräbern, Massaker an Zivilisten begangen zu haben. Einwohner berichten von Folterungen, Vergewaltigungen und Hinrichtungen durch russische Soldaten. Der Kreml weist die Vorwürfe zurück.

6. April: Nach Auskunft verschiedener westlicher Geheimdienste haben sich die russischen Streitkräfte inzwischen weitgehend aus dem Nordosten der Ukraine zurückgezogen.

8. April: Eine Rakete trifft den Bahnhof von Kramatorsk in der Oblast Donezk (Ostukraine); es wird von 52 Toten und 100 Verletzten berichtet. Zahlreiche Nationen bezeichnen dies als Kriegsverbrechen und fordern die Verurteilung von Wladimir Putin.

10. April: 1200 Leichen werden in der Region Kiew entdeckt.

12. April: Die ukrainischen Behörden in Charkiw warnen die Bevölkerung vor Landminen, die auf die nordöstliche Stadt abgeworfen worden seien. Laut einer Analyse der Welthandelsorganisation (WTO) könnte der russische Krieg gegen die Ukraine die globale Wirtschaft 2022 bis zu 1,3 Prozentpunkte Wachstum kosten.

13. April: Der ukrainische Präsident Wolodymyr Selenskyj erteilt der Reise von Bundespräsident Frank-Walter Steinmeier nach Kiew eine Absage und lädt stattdessen Bundeskanzler Olaf Scholz ein.

14. April: Die US-Regierung kündigt weitere Militärhilfe in Höhe von 800 Millionen US-Dollar an, die EU stellt weitere 500 Millionen Euro für die Lieferung von Waffen und Ausrüstung zur Verfügung. Das russische Kriegsschiff *Moskwa* wird versenkt.

18. April: Die Ukraine meldet den Beginn einer russischen Großoffensive in den östlichen Landesteilen.

21. April: Ein Großteil der Region Luhansk ist inzwischen unter russischer Kontrolle. Im Kiewer Vorort Borodjanka werden zwei weitere Massengräber entdeckt.

27. April: Russland kündigt an, die Gaslieferungen nach Polen und Bulgarien einzustellen. UN-Generalsekretär António Guterres wirbt in Moskau bei Russlands Präsident Wladimir Putin erfolglos für ein Ende der Kämpfe. Bei einer Verteidigungsministerkonferenz westlicher Staaten versprechen die Teilnehmer (darunter auch Deutschland) die Lieferung weiterer schwerer Waffen an die Ukraine.

1. Mai: Evakuierungsaktion für Zivilisten aus Stahlwerk Azovstal in Mariupol.

Quellen

Die Reden von Präsident Wolodymyr Selenskyj sind auf Ukrainisch, Russisch und Englisch auf der Website der ukrainischen Regierung versammelt (nach Datum geordnet):
https://www.president.gov.ua/en/news/speeches

Einzelbelege:

1: https://www.president.gov.ua/en/news/zvernennya-prezidenta-ukrayini-shodo-yednosti-ukrayinskogo-s-72893

2: https://www.president.gov.ua/en/news/vistup-prezidenta-ukrayini-na-58-j-myunhenskij-konferenciyi-72997

3: https://www.president.gov.ua/en/news/zvernennya-prezidenta-ukrayini-73137

4: https://www.president.gov.ua/en/news/zvernennya-prezidenta-do-ukrayinciv-naprikinci-pershogo-dnya-73149

5: https://www.president.gov.ua/en/news/zvernennya-prezidenta-na-drugij-ranok-masshtabnoyi-vijni-73153

6: https://www.president.gov.ua/en/news/raketa-po-centralnij-ploshi-harkova-ce-terorizm-i-rosiya-may-73261

7: https://www.president.gov.ua/en/news/ukrayinu-stilki-raziv-hotili-znishiti-ale-ne-zmogli-zvernenn-73297

8: https://www.president.gov.ua/en/news/mi-perezhili-nich-yaka-mogla-zupiniti-istoriyu-ukrayini-ta-y-73337

9: https://www.president.gov.ua/en/news/ukrayina-otrimuye-vid-partneriv-pidtrimku-pidkriplenu-konkre-73377

10: https://www.president.gov.ua/en/news/majbutnye-kontinentu-virishuyemo-mi-svoyim-sprotivom-i-nashi-73397

11: https://www.president.gov.ua/en/news/kozhen-den-sprotivu-stvoryuye-dlya-ukrayini-krashi-umovi-na-73417

12: https://www.president.gov.ua/en/news/zvernennya-prezidenta-ukrayini-volodimira-zelenskogo-do-parl-73441

13: https://www.president.gov.ua/en/news/yevropejci-povinni-posilyuvati-sankciyi-proti-rosiyi-tak-sho-73465

14: https://www.president.gov.ua/en/news/sogodni-kozhen-zdobuvaye-ukrayini-slavu-na-svoyemu-misci-zve-73501

15: https://www.president.gov.ua/en/news/chas-buti-efektivnimi-v-rutinnih-spravah-i-viddavati-vse-neo-73509

16: https://www.president.gov.ua/en/news/zvernennya-prezidenta-ukrayini-volodimira-zelenskogo-do-ital-73525

17: https://www.president.gov.ua/en/news/peremoz-hemo-zavdyaki-nashomu-vminnyu-gurtuvatisya-ta-zav-zhdi-73541

18: https://www.president.gov.ua/en/news/vidpovidal-nist-za-voyenni-zlochini-dlya-rosijskih-vijskovih-73561

19: https://www.president.gov.ua/en/news/promova-prezidenta-ukrayini-volodimira-zelenskogo-pered-kong-73609

20: https://www.president.gov.ua/en/news/promova-prezidenta-ukrayini-volodimira-zelenskogo-u-bundesta-73621

21: https://www.president.gov.ua/en/news/zvernennya-prezidenta-ukrayini-volodimira-zelenskogo-do-naro-73677

22: https://www.president.gov.ua/en/news/promova-prezidenta-ukrayini-volodimira-zelenskogo-v-parlamen-73769

23: https://www.president.gov.ua/en/news/promova-prezidenta-ukrayini-na-spilnomu-zibranni-senatu-naci-73773

24: https://www.president.gov.ua/en/news/zvernennya-prezidenta-volodimira-zelenskogo-do-ukrayinciv-i-73777

Dieses Buch wurde mit Unterstützung der ukrainischen Regierungsbehörden, vertreten durch den ukrainischen Botschafter in Frankreich, S. E. Vadym Omelchenko, veröffentlicht. Die Weltpremiere dieser Zusammenstellung erschien 2022 unter dem Titel *Pour l'Ukraine* bei Editions Grasset in Frankreich. Die Übersetzung wurde anhand der offiziellen englischen und französischen Texte erstellt.

Wir verpflichten uns zu Nachhaltigkeit
• Klimaneutrales Produkt
• Papiere aus nachhaltiger
  Waldwirtschaft und anderen
  kontrollierten Quellen
• ullstein.de/nachhaltigkeit

Aus Gründen der Lesbarkeit wurde im Text meist die männliche Form gewählt. Nichtsdestoweniger beziehen sich die Angaben auf Angehörige aller Geschlechter.

Übers. Kap 1–6, 16 und 20: Klaus Dieter Schmidt
Übers. Kap. 7–15 u. 17: Karlheinz Siber
Übers. Kap. 18–19, 21–24 u. Chronologie:
Nikolaus de Palézieux
Übers. Editorische Vorbemerkung: Claudia Marquardt

MIX
Papier
FSC FSC® C083411

ISBN 978-3-550-20242-1
© Wolodymyr Selenskyj für die Reden, 2022
© 2022 für die deutsche Ausgabe Ullstein Buchverlage GmbH, Berlin
© für die Auswahl und Kommentierung Éditions Grasset &
Fasquelle, 2022
Alle Rechte an der Übersetzung vorbehalten
Umschlaggestaltung: zero-media.net, München
Titelabbildung: Ukraine Presidential Press Service
via ABACAPRESS.COM / ddp
Gesetzt aus der Adobe Garamond Pro
Satz: LVD GmbH, Berlin
Druck und Bindearbeiten: CPI books GmbH, Leck